パチンコトレーダー

[システムトレード入門編]

坂本タクマ

Pan Rolling Library

【免責事項】

この本で示してある方法や技術、指標が利益を生む、あるいは損失につながることはないと仮定してはなりません。過去の結果は必ずしも将来の結果を示すものではありません。この本の実例は、教育的な目的でのみ用いられるものであり、この本に書かれた手法・戦略による売買を勧めるものではありません。

まえがき

誰にでも間違いはある。

前巻『パチンコトレーダー　初心者の陥りやすいワナ編』を、パチンコの本だと思って買ってしまった人。パチンコ漫画コーナーに置いた書店員。彼らもある意味、間違えたのだと言える。

改めて言う。これはパチンコの本ではない。株の本だ。

待っていただきたい。だから、待っていただきたいと言っている。「間違えた」とか言って、本を置かないでいただきたい。

ひとつ、間違ったからなんだというのか？

間違いが大発見につながることが、しばしばあることをご存じだろう。間違いがノーベル賞に結びついたこともある。たとえこの本との出会いが間違いであったとしても、それが人生を変える一大転機になるかもしれない。

もうひとつ、なにが間違いかなど、誰に決められる？

広く信じられていることが案外正しくないことは多い。特に相場をやっているとそう思う。

昔から有名な投資手法が、検証してみるととても使いものにならないということがよくある。逆に、人の考えた理屈とかけ離れたところに、うまいやり方が見つかったりする。


正しいか正しくないかを判断するのは、実証的に検証してからだ。この本を買うのが間違いかどうかを判断するのは、買って読んでみてからだ。


著者はよく言うのだ。「買わずに後悔するよりも、買って後悔せよ」と。

買って後悔する場合は、その損失は代金と読むのにかかった時間くらいだが、買わなかった場合、その損失は検証不能だ。気づかぬうちに、後悔する機会すらないままに、ばく大な金額を損しているかもしれないのだ。

これが、システムトレーダーのものの考え方である。

検証もせずに、正しいとか間違っているとか判断しない。検証の結果、たとえ使えないと判明しても、検証作業を無駄だとは思わない。「使えない」という知見が積み重なったことを前進ととらえる。

そうした考えで、本書をレジに運んだらいかがだろう。いかがだろうと言っている。

なお、文庫化にあたって、本書のもとになった『坂本タクマの実戦株入門』(白夜書房)のなかにある間違いをいくつか正した。まだ正しきれていない、とお思いかもしれないが、未検証、あるいは検証不能のために放っておいたところもある。ひとつ大目に見ていただきたい。

また、この作品がパチスロ・パチンコを中心とするギャンブル系雑誌『パニック7ゴールド』に連載されていることがそもそもの間違いだという意見もおそらく多いだろう。しかし、この作品によって株と、トレードと出会い、今ではとても感謝しているというスロッター、パチンカーも確実にいる。

何よりも著者は、いまだにパチンカー魂を持ったトレーダーだ。
それから、『坂本タクマの実戦株入門』をお持ちの方が本書を買ってもけっして「間違えた」とは思わないはずだ。何しろ、あの単行本が出る前後のエピソードも含め、大量の原稿が追加されているのだから。

というわけで、パチンコ漫画と思って買おうが、何回買おうが、けっして間違いではない。けっして間違いではないと言っている‼

2010年3月　坂本タクマ

参考文献

『トレーディングシステム入門』
トーマス・ストリズマン／パンローリング

『究極のトレーディングガイド』
ジョン・R・ヒル、ジョージ・プルート、ランディ・ヒル／パンローリング

『マーケットの魔術師 システムトレーダー編』
アート・コリンズ／パンローリング

『トレーディングシステムの検証と開発と最適化』
ロバート・パルド／パンローリング

『トレンドフォロー入門』
マイケル・コベル／パンローリング

『たのしい Ruby』
高橋 征義、後藤裕蔵／ソフトバンククリエイティブ

『プログラミング Ruby 第2版 言語編』
Dave Thomas, Chad Fowler, Andy Hunt／オーム社

『プログラミング Ruby 第2版 ライブラリ編』
Dave Thomas, Chad Fowler, Andy Hunt／オーム社

『はじめてのS - PLUS/R 言語プログラミング』
竹内俊彦／オーム社

『デザインパターンとともに学ぶオブジェクト指向のこころ』
アラン・シャロウェイ、ジェームズ・R・トロット／ピアソン・エデュケーション

『Professional Stock Trading: System Design and Automation』
Mark R. Conway, Aaron N. Behle／ Acme Trader Llc

まえがき 3
前著【初心者の陥りやすいワナ編】のダイジェスト 12
自己裁量トレードからシステムトレードへ 16

第1部 システムトレード開始 17

更なる進化を求めて新たなステージへ 18
2005年1月 システムトレード開始 19
Point1 パチンコの必勝法を株に応用!! 26
2005年2月 ツマでも分かるライブドア 29
タクマが求めた終着点は同じ!! 36
2005年3月 システムトレードのすすめ 37
Point2 勝てるルールを探す 44
2005年4月 カーブフィッティングに気をつけろ 51
Point3 無限の可能性 58
2005年5月 「面白さ」を排除せよ 61
ロクデナシ日記 破産を避けるために 68
2005年6月 テンションは低く 71
ロクデナシ日記 システムとは 78
2005年7月 収支をつけろ 81
ロクデナシ日記 パチンコにヤメどきはある 88

Contents

2005年8月　システムの「ゆらぎ」も把握する　90
第2システム始動　91
Point4　運用上の心構え　98
運用上の心構え4カ条　100
2005年9月　システム成功のきざし　103
Point5　データ検証&収集のソフトとツール　110
2005年10月　悲しみの決算発表　115
ロクデナシ日記　決算の後は…　122
坂本タクマのルーティンワーク　124
2005年11月　改めて結論　125
ロクデナシ日記　言い訳ではない　132
2005年12月　初・全力システム売買　135
ロクデナシ日記　みずほ証券誤発注事件　142
タクマvsTOPIX増減比較（2005年1月～2005年12月）　145
坂本タクマの金言集　146

第2部　難局を乗り切る　149

難局を乗り越えたことで自信が確信へと変わる　150
2006年1月　ライブドアショック　151

2006年2月 **ロクデナシ日記** ホリエモンはなぜ捕まったのか 158
第3のシステム 161
2006年3月 **ロクデナシ日記** ライブドアだけが悪いのか 168
やっぱ株最高 171
2006年4月 **ロクデナシ日記** 新人さんへのごあいさつ 178
株式トレーダータイプ分析 181
2006年5月 **ロクデナシ日記** 相場で一番怖いこと 188
オレシステム検証 191
2006年6月 **ロクデナシ日記** ライブドアショックと村上ショック 198
相場小学校卒業 201
2006年7月 **ロクデナシ日記** 村上ファンドとはなんなのか 208
分かりやすいシステムトレード 213
2006年8月 **ロクデナシ日記** アノマリーはオカルトなのか 220
やっぱり材料に惑わされるな 223
2006年9月 **ロクデナシ日記** 材料トレード時代を振り返る 230
夢の「年100万円」 233
2006年10月 **ロクデナシ日記** 長期投資のシステムトレーダー 240
4年目決算発表 243
2006年11月 **ロクデナシ日記** 日本株と米国株 250
健康一番 253

Contents

2005年12月 ロクデナシ日記 トレードとダイエット 260
パソコンは賢い 263
Point6 坂本システム大公開 270
タクマvsTOPIX増減比較（2006年1月～2006年12月） 274
あとがき 274
特別4コマ 株と家族 275
さくいん 275

前著【初心者の陥りやすいワナ編】のダイジェスト

株取引を開始!!

いやなに久しぶりに単行本が出てわずかながら印税が入ったもんだから
長年の夢だった株取引を始めることにしたんだよ

２００２年10月、株ブームが来ると信じて、意気揚々と株取引を始めた。

当時の相場は、どん底だった。金融不安や持ち合い解消など、売り材料があふれかえる一方で、買い材料はひとつもなかった。一見、かなりの逆境下での船出だ。

しかし、かえってだれもが悲観的なときに上げやすいのが相場なのだ。

事実、２００３年４月から相場は調整を交えながらも順調に上がっていった。２００５年になると、もはや大底が入ったことを疑う者はなく、い

材料トレードは難しい

よいよ本格的に株の黄金時代がやってこようという雰囲気だった。

当初のトレード方法は、ニュースや他人からの情報をもとに売買する「材料トレード」だった。

材料はおもしろい。

「○○社が燃料電池の量産化に成功した⁉」とか「●●社と××社が合併する⁉」とか「大幅増配⁉」とか「株式分割⁉」とか、市場には心躍る情報があふれている。

風が吹けば桶屋が儲かる式に、ひとつの材料から次々に連想を働かせて、上がる株を「推理」するのは、ミステリーを読むような楽しさがある。

しかし、材料によって株価がどうなるかを判断するのは非常に難しいのだ。

例えば、大変な好決算が発表されても、株価に

テクニカル分析も難しい

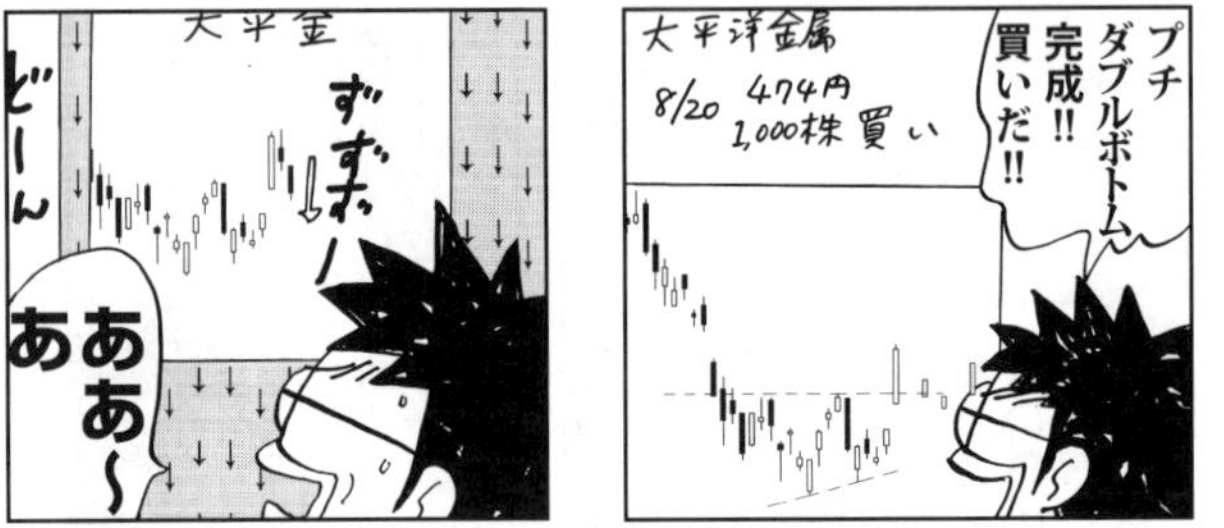

は何の反応もなかったりする。「織り込み済み」と説明される。逆に、好決算なのに大きく下げたりもする。その場合には「材料出尽くしで売られた」などという……。

なんだそれ。じゃあどうしたらいいんだ。もう何かの陰謀としか思えない。

それでは何を見てトレードすればいいのか。

選択肢のひとつがチャート、すなわちテクニカル分析である。テクニカル分析は過去の株価（と出来高）から相場を分析しようとする方法だ。

数字によって判断しているので、一見すると客観的なように思える。

けれども、本当に客観的にテクニカル分析をしている人はあまりいないと思う。チャートの形や、各種指標を主観で判断している場合がほとん

自己裁量で冷静にトレードするのは困難だった

どだろう。自分の記憶や過去のチャートと、今のを目で見て比べて、上がりそうな感じがするから買う、というような。

それで儲かっている人は、もちろんそのまま続ければよい。人間の持つ素晴らしい認知能力を生かしていってほしい。これからその道を目指そうという人を、あえて止めはしない。

ただ、それで儲けられるようになるには、並々ならぬ努力やセンスが必要だということは分かっておいたほうがいい。

主観的にトレードをしていると、迷ったり、魔が差したりして感情に振り回されてしまう。

結局オレは、そういう「自己裁量トレード」には挫折したのだ。

自己裁量トレードからシステムトレードへ

これまでのやり方では、とても安定して勝つことはできなかった。それは「自己」という、ある意味最もヤバい相手と大決戦しなければならないからだ。

精神修行によってそれを克服する方法もあるが、オレはもっと「客観的」な方法へと転向した。それが「システムトレード」だ。

システムトレードとは、売買ルールを組み合わせて売買システムを構築し、そのシステムに従って機械的に行う売買のこと。

システムというと、プログラミングやコンピュータの知識が必須であると思われがちだが、売買ルールを決めて、それに従ってトレードすることそのものをシステムトレードと呼ぶ。

システムトレードの利点は、売買に自分の心理状態が影響しないことだ。自分の感情に振り回されることなく、淡々と機械的なトレードが可能になる。

第1部　システムトレード開始

さらなる進化を求めて新たなステージへ

株式相場は長い保ち合いから、ようやく上昇への突破口を見出そうとしていた。小泉純一郎首相（当時）の「痛みを伴う改革」の成果か、企業はリストラを進め、利益の出やすい体質に変わった。事実業績は絶好調で、それが素直に株価にも反映された。

ライブドアのホリエモンがフジテレビとの対決で世間を騒がせたのもこのころだ。前年、プロ野球への新規参入騒ぎで〝時の人〟となったホリエモンは、時間外取引というグレーな手段でニッポン放送の株を大量に取得。泥仕合のなか、テレビなどでは株式市場の仕組みが盛んに説明された。

こういうことも含め、２００５年は「株の年」となった。個人投資家が大量に参入し、証券会社や東証のサーバへの負荷は増大し続け、正常な取引ができなくなるほどだった。株の大ブームの幕開けだ。そんななか、オレは「システムトレード」という新たなステージへと進む――。

年末年始は相場の本を読んで過ごす
株で勝つには
ぱたん
いやー本を1冊読み終えるたびにすごく勝てるような気になるな
オレは何ごとも本から入るんだよね
漫画入門
まんがの描き方
子供のころ漫画を描き始めたころも入門書をいっぱい読んだっけなー
うっしゃっしゃっしゃっしゃっ理論だけで実践はさっぱりってタイプですね
株も漫画も!!
てんめーっ今に見てろよ!!口もきけねえほどビッグになってやっかんな!!株でも漫画でも!!
白夜書房編集部
ソボガ
2005年1月
システムトレード開始

実践だけで儲かる投資の手法を見つけるのは至難の業だ
何百冊も本を読んでいいとこどりするほうがよっぽど効率的だよ
本当に儲かる手法なら本なんかで公開しないいんじゃない?
という疑問は確かにある
そんなときはこいつで検証すればいいんだよ!!
ばんばん
人間の感覚に頼った手法は検証が難しいけど
単純な値動きのパターンを利用するものなら大丈夫だ
カタカタカタ
うーん……そのまま使えるネタってほとんどないなー
さすがにそんなに甘くないか
本で発表する前は機能してたんだけど発表したとたん使えなくなるのも多いんだろう
攻略法ってそんなもんだ
カタカタカタ
プログラム組んでシミュレーションとかしてると
パチンコ時代を思い出すよ

雑誌に載ってるボーダーラインをうのみにせず自分で調べてみたのが始まりだった
あのあとは自信を持って打てるようになったよ
今回もまったく同じ
欲しいのは統計に裏打ちされた「自信」だ!!
実はけっこう前から調べてたんだけどどれもいまいちで
いろいろ自分なりの「味つけ」をしてるん……
えっ!?
何だこりゃ!?
このやり方で9割近くの銘柄で利益が出るって!?
本当かよ!?
利益曲線もかなり安定してる!!
使えるんじゃないの!?
この「システム」試す価値アリだ!!
今までのチャートを読むやり方と併用すれば収支が安定するぞ!!

で今月の取引
安川電機――トヨタと工業用ロボットを共同開発したという材料がホットだ
1/11 安川電機 630円 1000株買い
1/12 安川電機 655円売り
+25,000円
よーし2日で2万5000円は上出来だ!!
1/13 安川電機 660円 1000株買い
まだまだ上がるんじゃないの安川電機
びしっ
1/13 安川電機 627円売り
▲33,000円
ぶはっ
ぶはっ
1/14 安川電機 660円 1000株買い
こりずにもう一丁!!
びっしっしっ
1/19 安川電機 679円売り
+19,000円
は――やれやれ
安川電機
1/11 → 1/12 +25,000円
1/13 → 1/13 ▲33,000円
1/14 → 1/19 +19,000円
合計 +11,000円
値動きの荒さにやられたな

タカラ――
長い低迷のあと出来高をともなって上昇
大爆発の予兆か――
1/13
タカラ
581円
500株買い
出来高増
タカラ
1/14 573円↓
1/17 609円↑
1/18 635円↑
1/19 622円↓
1/20 633円↑
1/21 646円↑
1/24 664円↑
1/25 671円↑
きたきたきたあ!!
で
下がってきたところで売り!!
1/27 652円
500株売り
ビッシィーン
タカラが業績悪化
社長が辞任すると発表しました
ほれ見ろ!!
セーフ!!
タカラ（日足）
ここで売り
ここで買って
この上なく素晴らしい売りタイミング!!
ナイストレード!!
やっぱチャートはすべてを語ってるんだよ
悪材料の出現も前もって示すんだよ

別の取引で若干の損を出したものの新システムで多少の利益が出たため結局1月は3万ほどのプラス
相場全体が下げたことを思えば上出来なんじゃねーーの
そのシステムとやらはどんなやつなんですか？
それは言えん
どうしてですか？
じゃきん
だっておめーマネされたら儲かんなくなるじゃねーかよ!!
それじゃ読者が納得しませんよ
ぐりぐり
みなさんすみません家庭があるんです儲けなきゃならないんです
パーン
2005年1月末
現金 4,747,692円
持ち株 0円
配当累計 44,493円
合計 4,792,185円
元本増減率＋6.49%
月収支＋32,510円
(＋0.68%)

2005年1月の日経平均と主な出来事

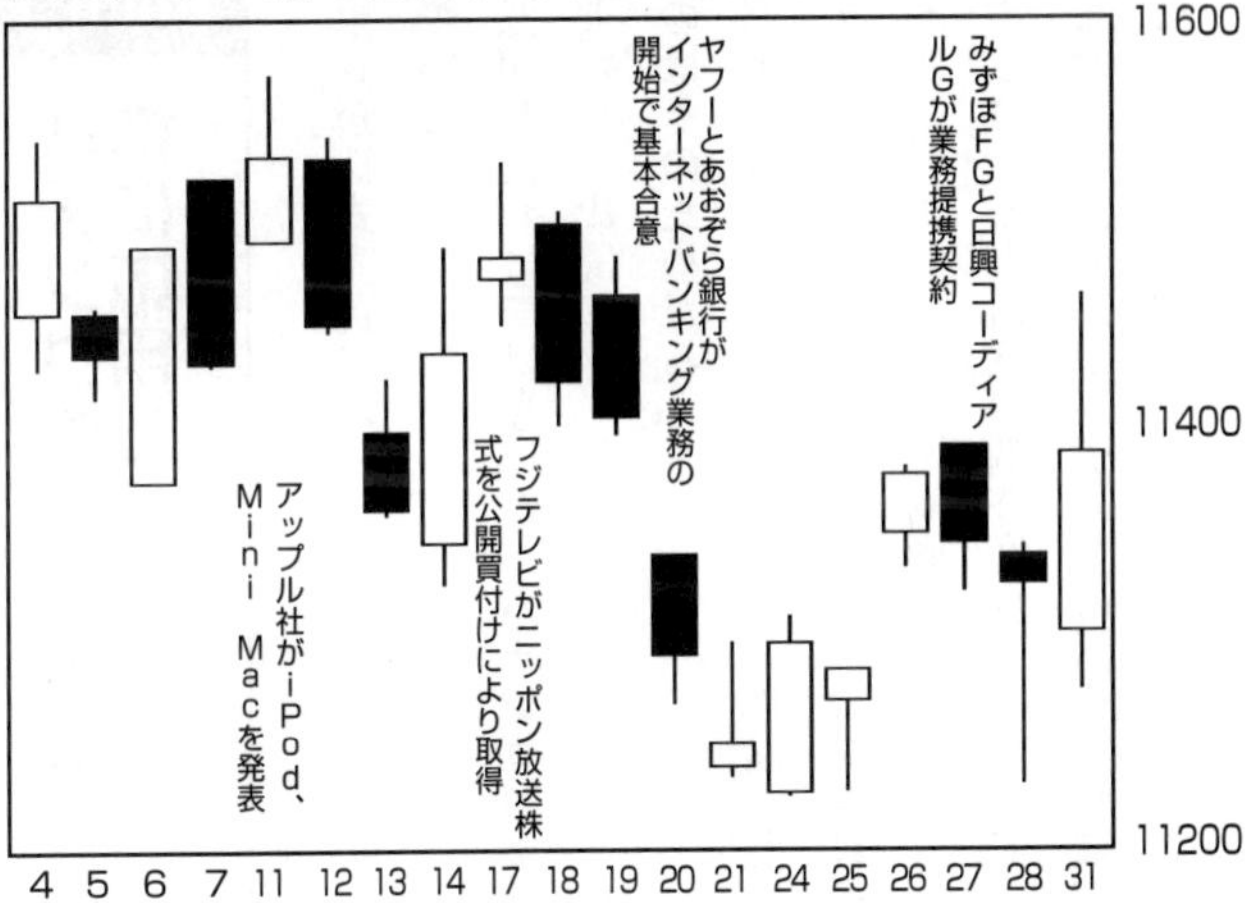

ボーダーライン（理論）　デジタル式のパチンコは抽選確率が毎回一定のため１０００円で15回回る台よりも、20回回る台のほうが、抽選回数は約1・33倍で当たりのチャンスがある（詳しくは次ページ）。

利益曲線　純資産曲線、エクイティカーブ。要はシミュレーションや実際の取引の結果、どういう感じで利益が上がっていくか、ということを表したグラフ。最終的な利益率ももちろん大事だが、あまりガタガタと上下に振れず、一貫して右肩上がりを続けるのが理想。上下動の大きいシステムは、うまくいかない期間にはそれに従うのが精神的に難しくなってしまう。精神的な安定を得るためにシステムを開発するのに、それでは本末転倒だ。

悪材料　株価にとってマイナスとなる情報のこと。企業の業績下方修正や操業停止事故、円高などさまざま。

Point 1

パチンコの必勝法を株に応用!!

勝つために今一番必要なこと……その答えは株の世界に「期待値理論」を持ち込むことであった!!

オレが株式売買でたどってきた道筋は、パチンコを打っていた経験に大きく影響されている。

意図したわけではないが、パチンコのように株式売買ができないものかと体が自然に求めた。裁量トレードで取引していたときの成績が、パチンコの成績に似通っていたのはそのためだろう。

パチンコには「ボーダーライン理論」という完ぺきな必勝法がある。

デジパチの大当たり確率や連チャン率は機械的に決まっている。パチンコなら、デジタル（パチンコ台の図柄画面）をどれくらい回せる釘調整（パチンコ玉の流れを制御する釘などの角度の調整度合）になっているかで、勝てる台かどうかが決まる。

また、専門外だがパチスロの話をすれば、機械割り（出玉率。投入したメダルの累計枚数に対し、投入枚数を１００％として「投入された枚数÷払い出された枚数」で求められる数値）が１００％を越えるかで勝てる設定の台かどうかが決まる。

そういう「期待値プラス」の台を選び続ければ、日々の勝ち負けはあるにせよ、長期的には必ず勝てるというのが「ボーダーライン理論」である。

株でそこまで分かりやすい手法を発見するのは不可能だと考えていた。第一、大当たりの確率さえ分からないのだ。手の出しようがない。そう思っていた。

そんなとき、システムトレードという考え方に出会う。過去の価格データを使ってルールを検証し、有効な組み合わせを「システム」として使うことによって、儲けている人々がどうやらいるらしい。

ただ、それを最初に聞いたときは、かなり遠い話だと思った。相場は人間の心理が作り出すもので、そう単純に良いシステムができるものではない。少なくともオレには無理だと。

株で負けが込みだしたとき、ふたつのことを思い出した。

ひとつはパチンコ時代、雑誌に載っているボーダーラインを疑い、自分でシミュレーションしたこと。

もうひとつは、大学で心理学を学んでいたとき、人の心の働きに関する実験データを統計的に処理していたこと。人間の心も統計的な手法を使えば、全部とはいかないまでも、部分的には解き明かすことができる。

株でも同じことが、コンピュータの力を借りればできるのではないか。なかにはパチンコ台と同じくらい単純なパターンもあるのではないか。それを見つけられれば、完全にパチンコを打つように株式売買ができる——。

こんな感じで、割と必然的な流れで過去の株価データを調べ始めた。最初は苦労したが、徐々に「期待値プラス」のシステムを作れるようになった。

今では、売買システム開発がこれまでのオレの人生の集大成ともいうべき一大プロジェクトになりつつある。

ぼく
ホリエモン
今度は
ニッポン放送
を買うぞ
これってなにがどうなったら勝ちなのー？
そっかこの話分かりにくいもんなー
ほんじゃ今回は「ツマでも分かるライブドア対フジテレビニッポン放送株争奪戦」
をやってみっか
なんだよーツマでもとかバカにしてー
2005年2月
ツマでも分かるライブドア
騒動の発端は2月8日朝株式市場が開く前
ライブドアが時間外取引でニッポン放送の株を大量に買いつけた
敵対的買収のはじまりだ
ふーん

この電撃作戦でライブドアはニッポン放送株35%を買い占めた
目指すは51%取得しての完全支配だ
へ――
そのウラで手を引いていたのが投資会社リーマンブラザーズ
うっしゃっしゃっしゃっしゃっ
兄
弟
こんな感じー?
うっしゃっしゃ800億円を無利子で貸すからどんどんおやんなさい
800億
ほんとー? やったー!!
ただし条件があります
うんうん800億円のためなら何でも言うこときくから――
ひとつは時価の1割安い値段で株に転換できる転換社債を発行すること
もうひとつはあなたの保有する御社株の一部を我々に賃借すること
これがリーマンにはものすごくおいしい話
この騒動で一番儲かるのはリーマンと言われるゆえんだ
ん――…?

※TOB（株式公開買い付け）という

根本的なこときいていい？なんでホリエさんはそういうことするの？
儲かると思ったからじゃねーの
ニッポン放送はフジテレビよりちっちゃい会社だが書類上ではフジの親会社となっている
つまりニッポン放送を手に入れればフジも牛耳れる
しかも株の買い占めに関する法律にも穴がある——
となればやってみる価値はあるということだ
市場に何らかの歪みなりスキなりがあったらすかさずそこを突く
それが事業家なり投資家なりの生きる道だ
そのやり方はともかく精神だけは見習いたいね
つーわけで今月のオレの取引だが——
前置き長っ
トレードそっちのけでシステムの検証にあけくれてたよ
オレのシステムはほんとのほんと——に大丈夫かどんな銘柄で儲かりやすいか
などあらゆる角度から調査したら

売買システムは市場の歪みやスキを突くためのものだ
そういう歪みやスキが本当に存在するか徹底的に調べた
市場
市場
その結果――
ほんとのほんとのほんとの――に大丈夫!!
絶対の確実の明確にきっぱりきっちり間違いなく儲かるんだ――――!!
はいこれ鉄板!!オレのシステム鉄板!!
お金持ち1名様ご案内!!
ばんばん
ねードリンクバーで1杯しか飲まないのってもったいなくなーい?
鉄板ですから
ファミレス
お客さんおつりおつり
鉄板ですから
本
BOOK
鉄板ですから――!!
それでは今回の収支を発表します
ダラララララララ

2005年2月末

現金	4,649,954円
持ち株	0円
配当累計	44,493円
合計	4,694,447円
元本増減率	−4.32%
月収支	−97,738円

2005年2月の日経平均と主な出来事

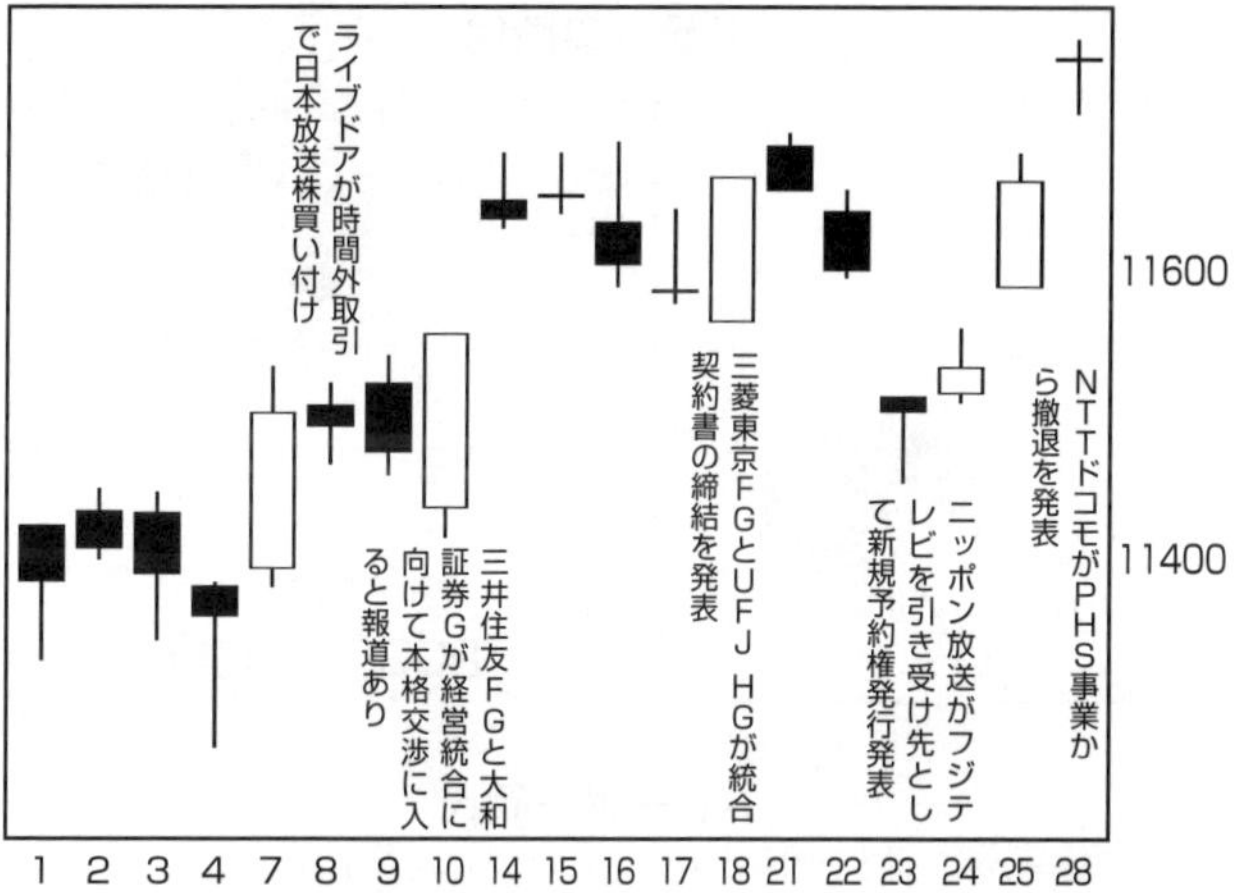

時間外取引　株は取引所を通してだけ取引されるものではない。証券会社と株主が相対で取引したり、株主同士が直接取引したりするのもありなのだ。ただ、取引相手を見つけるのが大変なので普通は取引所を利用する。東証の場合、立会時間は午前9時から午後3時まで（11時から12時半は昼休み）で、一般の個人投資家はほとんどこの時間内に取引する。それとは別に、大口の機関投資家などに向けた時間外取引（立会外取引）というものが認められている。大口投資家の参加によって市場価格が大きく動いてしまうのを避ける目的がある。

敵対的買収　買収対象会社の同意が得られていない買収のこと。株主や投資家・従業員・社会一般にとって敵対的・有害な買収を意味しているわけではない。

転換社債　事前に決められた転換価額で株式に転換することができる社債。

タクマが求めた終着点は同じ !!

パチンコ時代

ボーダーライン理論（期待値理論）に陶酔し実践するも結果が出ない…

▼

自らシミュレーションを行い独自のボーダーライン、さらにはヤメどきまでを追求。そして生まれたのが…

▼

2000 回打法 !!

トレーダー時代

損切り遅れ、材料、トレンドの読み間違い etc.
自己裁量トレードの限界

▼

パチンコで作ることのできた明確なルールを株でも作りたい

▼

ルールを決めて
システムトレード !!

タクマが求めたのはどちらも同じ…

自分だけのルール、しかも…

守れば勝てるという裏づけのあるルール!!

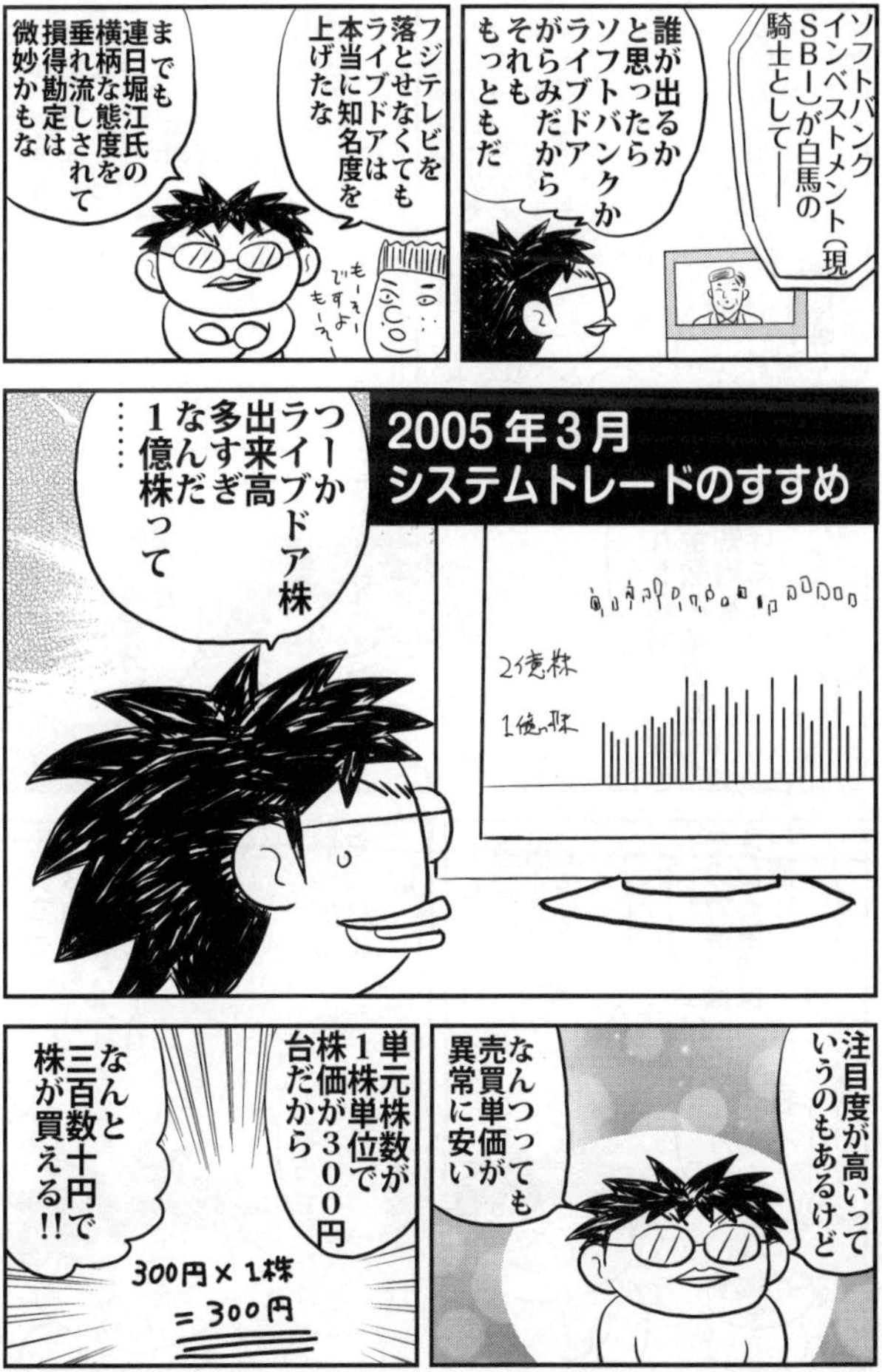
ソフトバンクインベストメント（現SBI）が白馬の騎士として――
誰が出るかと思ったらソフトバンクかライブドアがらみだからそれももっともだ
フジテレビを落とせなくてもライブドアは本当に知名度を上げたな
までも連日堀江氏の横柄な態度を垂れ流しされて損得勘定は微妙かもな
もーえーですよもーえー
2005年3月
システムトレードのすすめ
つーかライブドア株出来高多すぎなんだ1億株って……
2億株
1億株
注目度が高いっていうのもあるけど
なんつっても売買単価が異常に安い
単元株数が1株単位で株価が300円台だから
なんと三百数十円で株が買える!!
300円×1株
=300円

これは資金の少ない投資家が超短期で回してるんだろうけど
小銭で遊べる羽根物感覚だ
入賞口
羽根
だが例えば競馬のG1みたく注目度の高いときが特に勝ちやすいわけでもないように
話題の株が儲けやすい株というわけではない
短期だと腕のいいヤツには勝てないし長期で持つには不透明だ
そもそもライブドア株がこんだけ細かくなったのは大幅な株式分割のせいだ
それも結局株主数を増やして認知度を上げるため
すべてそこにつながる
投資家もマスコミも堀江に踊らされてるだけなんだよ!!
いい加減気づけよ!!
こうやって書いちゃってるあんたもな
でも金儲けに徹する姿勢は上等だよ
その意味ではオレと目的は一緒だ
やり方も金額も全然スケールが違うけど

オレはオレで自分のシステムで自分のリストに載ってる銘柄だけを取引するのみ
プチ
プチ
システムに従ってトレードし始めてから調子がいい
迷いがなくなるっていうのはデカいなやっぱ
思った以上に勝つよりも
地味な結果でもシミュレーションどおりになるほうがむしろうれしい
その一方でこのシステムについてより突っ込んだ検証を行い
弱点を徹底的にさがす
パソコンの表計算ソフトを使えば難しい統計処理もあっという間だ
そうやってシステム向上の可能性を探ったり
より強固な銘柄リストを作れないか試している
Ver1.50
UP
景気とか業績とか為替とかそういったもんは今のオレには一切関係ナシ!!
システムだけを信じる!!
とん
とん

うっしゃっしゃっ システムシステムって いったいどんな システム なんですか!!
いい加減 白状しなさい!!
私も周りから 「あのシステムは どういうんだ」 って聞かれるん ですよ!!
教えなさい!! はやく!! は・や・く!!
ぎゅうーっ
……悪いけど ソボガ… そいつあ あらゆる 角度から見て できねー相談 なんだよ…
げほげほげほ
なんでですか なんでですか なんでですか
うっしゃっしゃっ
ぼかぼかぼか
痛い痛い痛い
……ひとつは システムの多くは みんなが使いだすと 機能しなくなる ものだということ
例えば――

システムが「1000円に下がったら買え」というサインを出したとする
19,000 1005
10,000 1004
8,000 1003
1002
1001
1000
999
25,000
23,000
1,543,000
それでみんながいっせいに1000円で指値をしたらそこだけ板が異常に厚くなって誰も買えなくなる
つまりオレがシステムをバラしたらオレが儲からなくなるだけじゃなく
それを聞いた人だって儲かりはしないってことだ
そんなもん教えられてもしょうがないだろな？
うっしゃっしゃっしゃっしゃっあなたにそんな影響力がありますかっ
ぽん
そらあバラしても何の影響もないかもしれん
しかし万が一影響大だったときのことを考えるとリスクは冒せない
それにこれは100%オレのオリジナルというわけじゃなくて
本に載ってたのを改良したものだ
ということは似たシステムでやってる人たちがほかにもいるかもしれない
そういう人に迷惑はかけられない

2005年3月末

現金	4,726,694円
持ち株	0円
配当累計	44,493円
合計	4,771,187円
元本増減率	＋6.03%
月収支	＋76,740円（＋1.63%）

2005年3月の日経平均と主な出来事

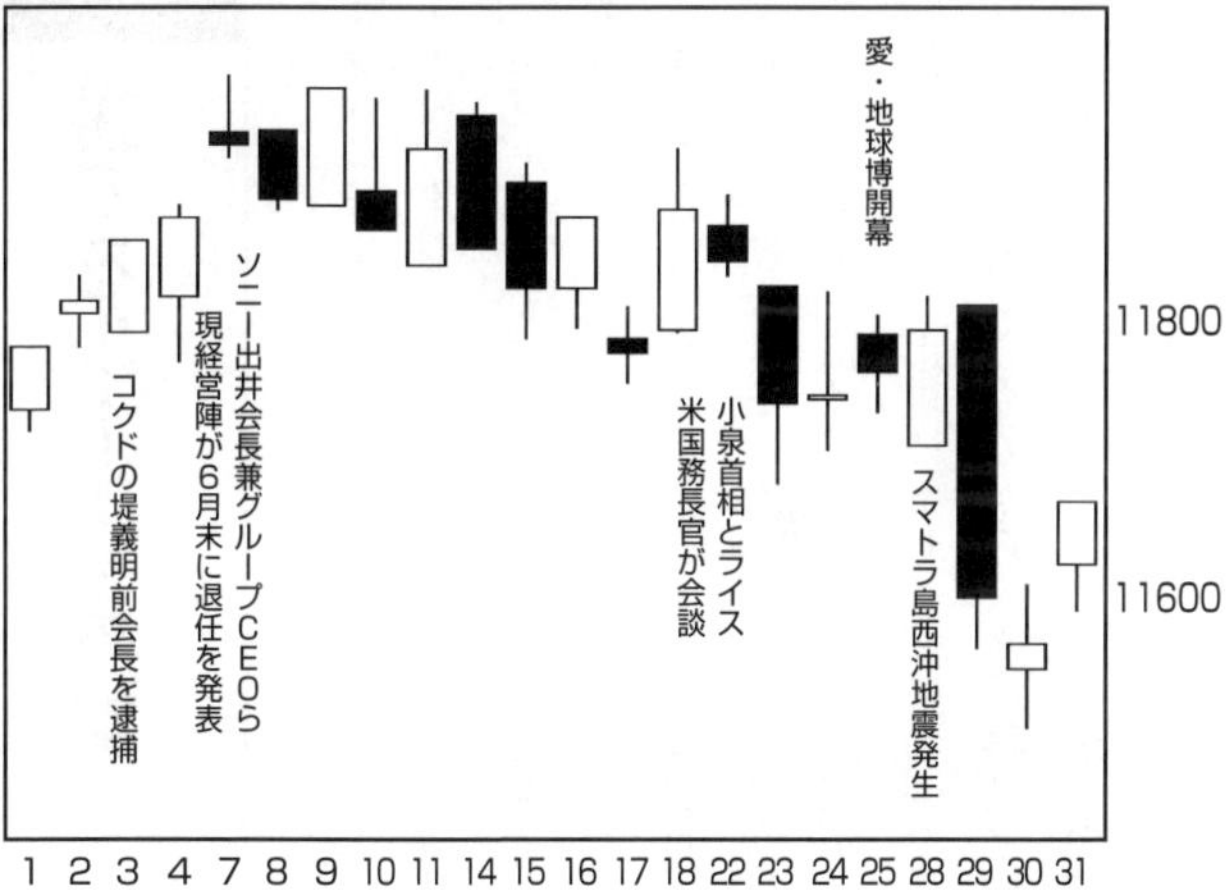

白馬の騎士　ホワイトナイト。買収される企業にとって友好的な第三者（企業）のこと。

　買収される企業は、白馬の騎士に自社株を買収してもらい、決定権を行使できる第三者となってもらうことで、敵対的買収に対抗する。

　発行済み株式総数の3分の1を確保できれば、拒否権を行使することもできる。

羽根物　パチンコ台の区分のひとつ。台の下方に設けられた仕掛けにパチンコ玉が入ることによって、台中央に設けられた役モノ（玉の動きを左右する道具・仕掛け）へのルートが開く。その役モノ内部にある入賞口（Vゾーン）に玉が入れば大当たりとなる。

　役モノへのルートが開くようすが飛行機の羽根のように見えるため「羽根モノ」と呼ばれる。

Point 2

勝てるルールを探す

簡単なものから複雑なものまで、株にはさまざまな「勝てると言われているルール・法則・指標」があるが…!?

システムトレードとは、あらかじめ決めた売買ルールにのっとって機械的に行うトレードだ。トレーダー自身のその日の相場観とか感情を一切排除する。だから、どういうルールで行うかという選択が非常に重要。それですべてが決まると言える。

ルールを作るためには、まずどんな売買手法があるのか学ばなければならない。ここでいくつか紹介する。もちろんこのほかにも無数にある。

仕掛けのルールには、主に2つの系統がある。「順張り系」と「逆張り系」だ。

順張り系とは、市場のトレンドに沿って仕掛けるやり方だ。上げ相場なら買いから入り、下げ相場なら売りから入る。移動平均のゴールデンクロスで買うとか、20日高値をブレイクしたら買う、というのがその例だ。

逆張り系とは、大きく下げたものを買うなど、トレンドに逆らって仕掛けるというものだ。ストキャスティックスなどの「オシレーター」と呼ばれる指標を使ったり、ローソク足の長い上ヒゲ・下ヒゲなどのチャートパターンを使ったりするものがある。

トレンドに逆らって仕掛ける逆張りで利益を得るには、それなりの知識や経験が必要になる。簡単というわけではないが、基本的には順張りがおすすめだ。しかし、逆張りも使いようによっては高収益が望める。

仕掛けと同様に、手仕舞いも重要だ。前著【初心者の陥りやすいワナ編】を読んだ人なら、仕掛けよりもむしろ、損切りも含めた手仕舞いのほうが重要だということがお分かりだろう。

手仕舞いのルールとしては、まず、仕掛けの逆をするというやり方がある。移動平均のゴールデンクロスで買ったのならデッドクロスで売る。オシレーターなら、売られ過ぎを示しているときに買い、買われ過ぎになったら売る、といった具合だ。これだけでも利益が出ることもあるが、たいていは緩すぎで利益を取り逃がすことになる。

仕掛けの「パラメータ」を少し変えて手仕舞いに応用する、というやり方もある。20日高値の上方ブレイクで買って、10日安値の下方ブレイクで売る、といった具合だ。仕掛けよりも短いスパンのものを使うことによって、手仕舞いをよりタイトにできる。

当初、損切り用に設定していた値段を相場が有利に展開するたびにどんどん仕掛け値に近づけ、ついには利食い値段に転じるトレイリングストップはかなり有効だ。

それと同時に利益目標を決めて利食いを早めることもできる。例えば、仕掛け値と初期ストップ（損切り値）の値幅の2倍、つまりそのトレードでとったリスクの2倍プラスになったら手仕舞う、といった方法がある。

一般的な売買の指標

ゴールデンクロス

株の専門書には必ずといっていいほど登場する指標。

例えば、長期の移動平均線を下から短期の移動平均線が突き抜けるときに、移動平均線が交差する。このクロスを「ゴールデンクロス」といい、買いのシグナルとなる。

逆に短期移動平均線が上から下へ抜けた場合は「デッドクロス」と呼ばれ、売りの

ゴールデンクロス

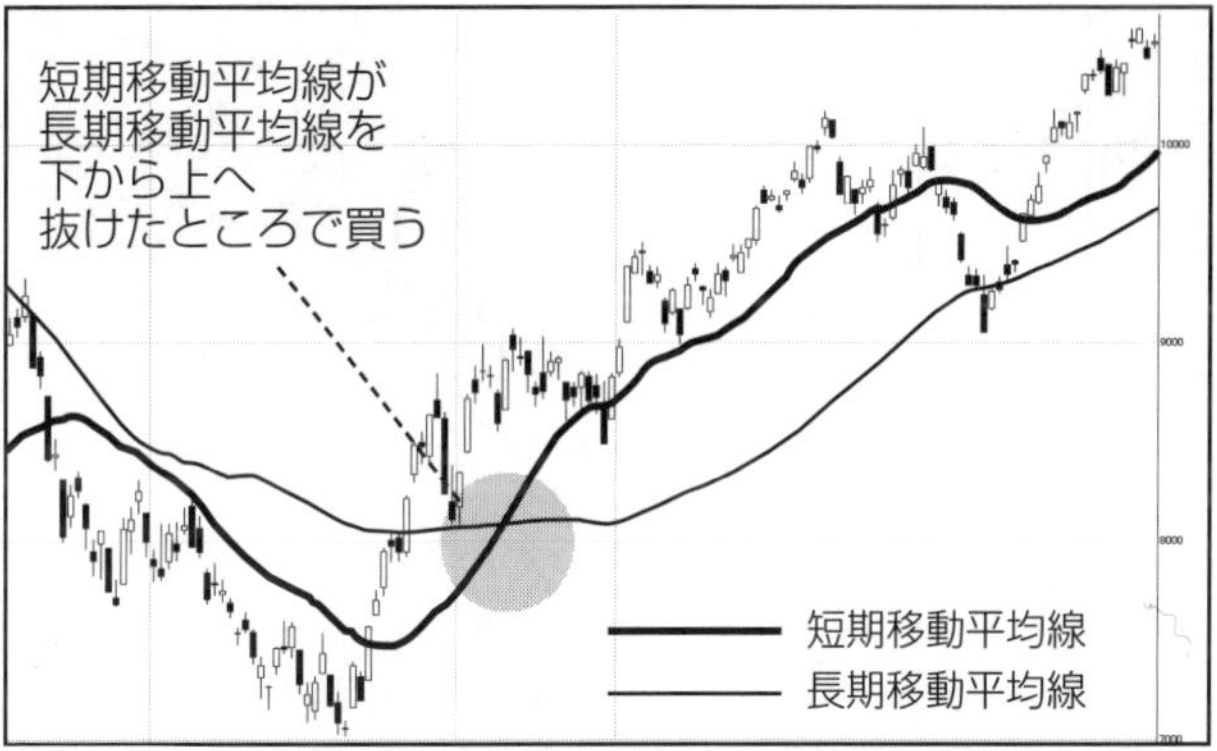
短期移動平均線が
長期移動平均線を
下から上へ
抜けたところで買う
短期移動平均線
長期移動平均線

デッドクロス

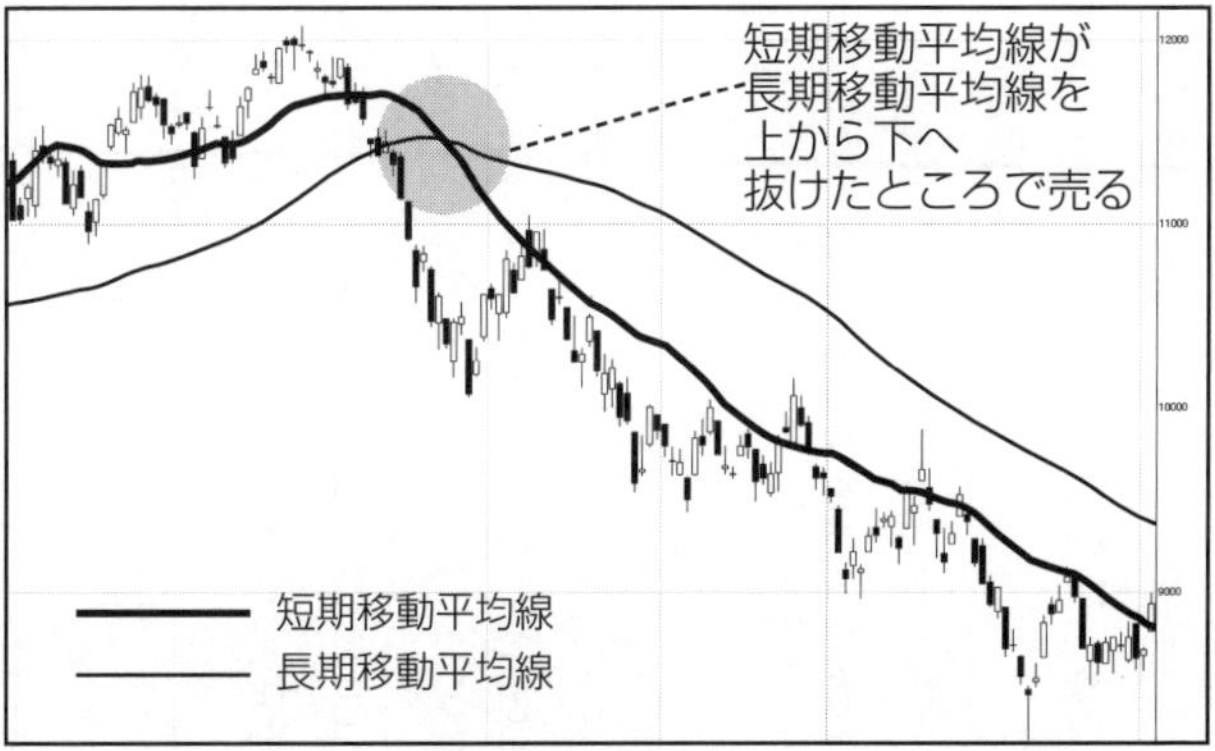
短期移動平均線が
長期移動平均線を
上から下へ
抜けたところで売る
短期移動平均線
長期移動平均線

逆張り

シグナルとなる。

タクマの見解

シグナルが出るのが遅すぎて、仕掛けたときにはすでに結構上がってしまっていることが多い。

ただ、パラメータの組み合わせ次第では使えるかも。

逆張り

上昇トレンドにある株を買う場合を順張り、その逆で下降トレンドにある株を買う場合を逆張りという。

順張りよりもリスクは高いが、リターンは大きい場合が多い。

ブレイクアウト

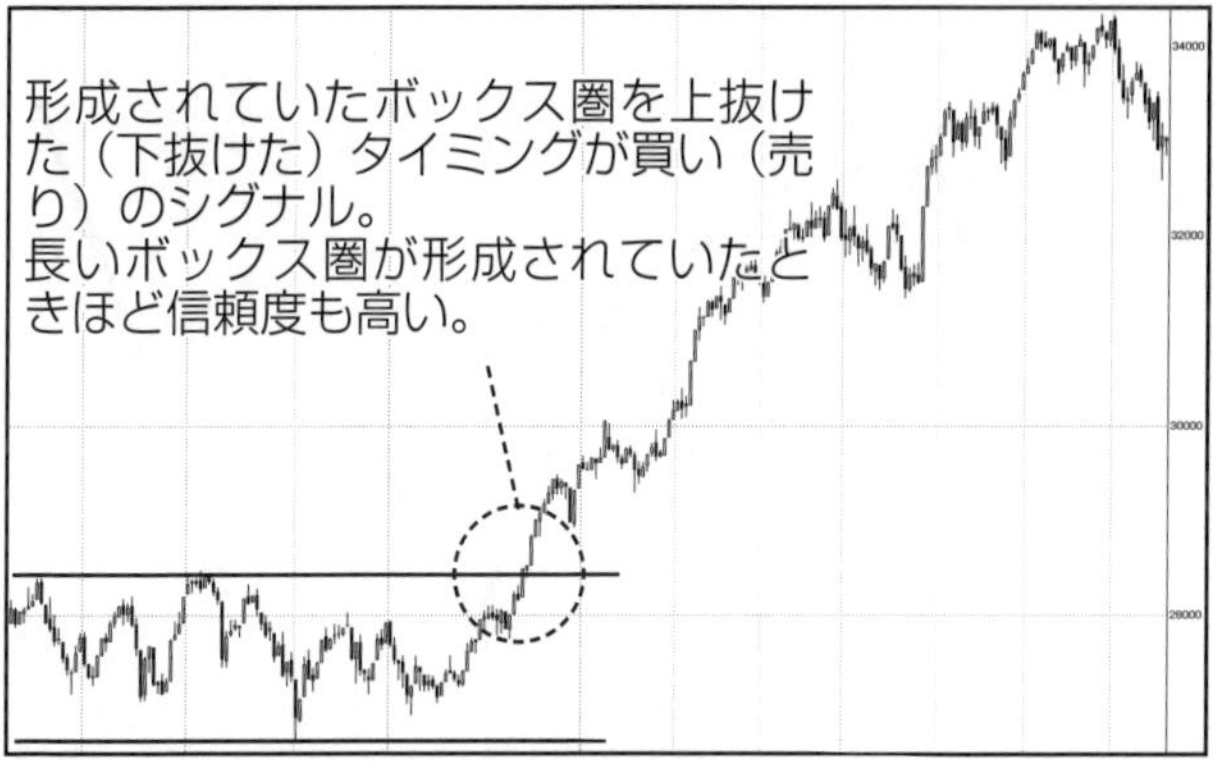
形成されていたボックス圏を上抜けた（下抜けた）タイミングが買い（売り）のシグナル。
長いボックス圏が形成されていたときほど信頼度も高い。
34000
32000
30000
28000

特に、急激な下落のあとは底打ちした瞬間に、リバウンドである程度値を戻すことが多いため、短期のリバウンドだけを狙う手法もある。

タクマの見解

裁量でやるのは怖いが、システム化できればアリだろう。

長期的には上昇トレンドだが、短期的に突っ込んだところを買う、という「押し目買い」ならいけそうだ。

ブレイクアウト

中～長期間、一定の範囲内（ボックス内）で上下していた株価が上下の抵抗線を突き

三角保ち合いからのブレイクアウト

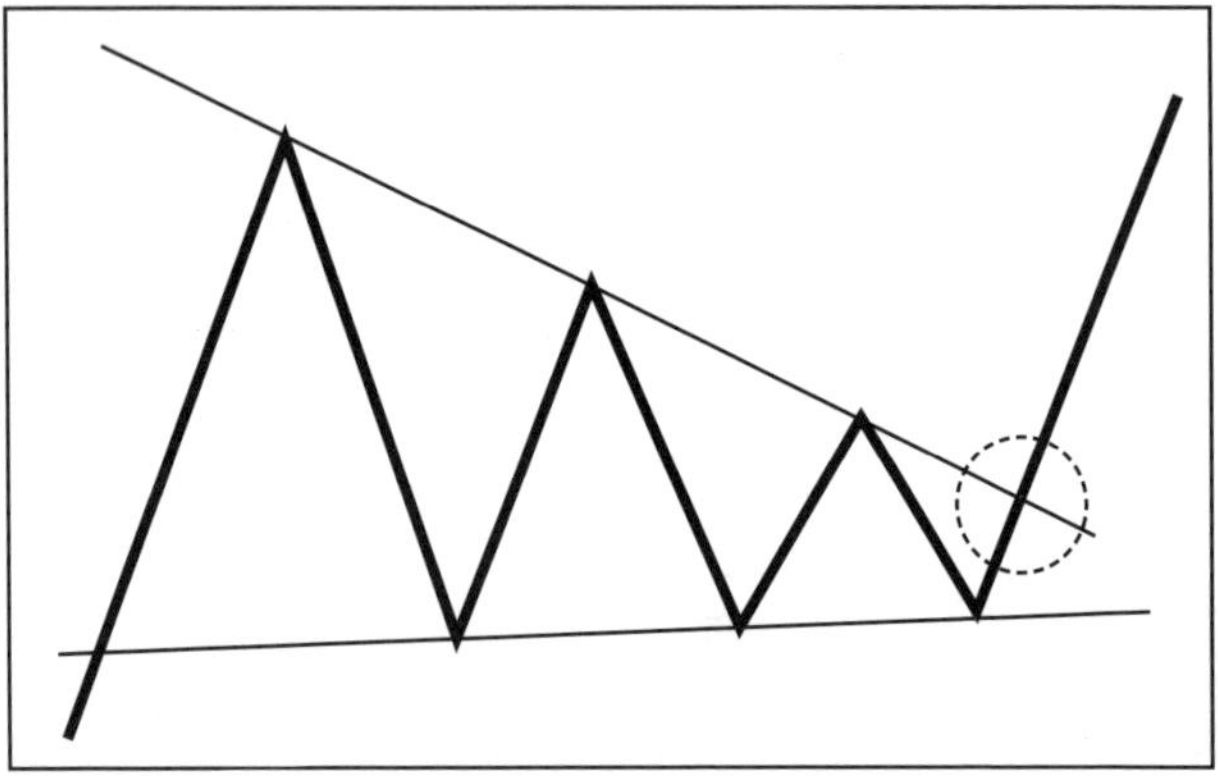

抜けることを「ブレイクアウト」という。

突き抜けたあとは、大きく上昇（下抜けた場合は大きく下落）することがあり、仕掛けのタイミングとなる。

タクマの見解

かなり使えるチャートパターン。裁量によるチャート読みでも簡単に発見できる。

オレが好きなのは、保ち合いが長引き、だんだん値幅が狭まる「三角保ち合い」の形からドンと抜けて一気に動き出す形。システム化も容易で、さまざまな手仕舞い法と組み合わせて無限のバリエーションが作れる。

2005年4月
カーブフィッティングに気をつけろ

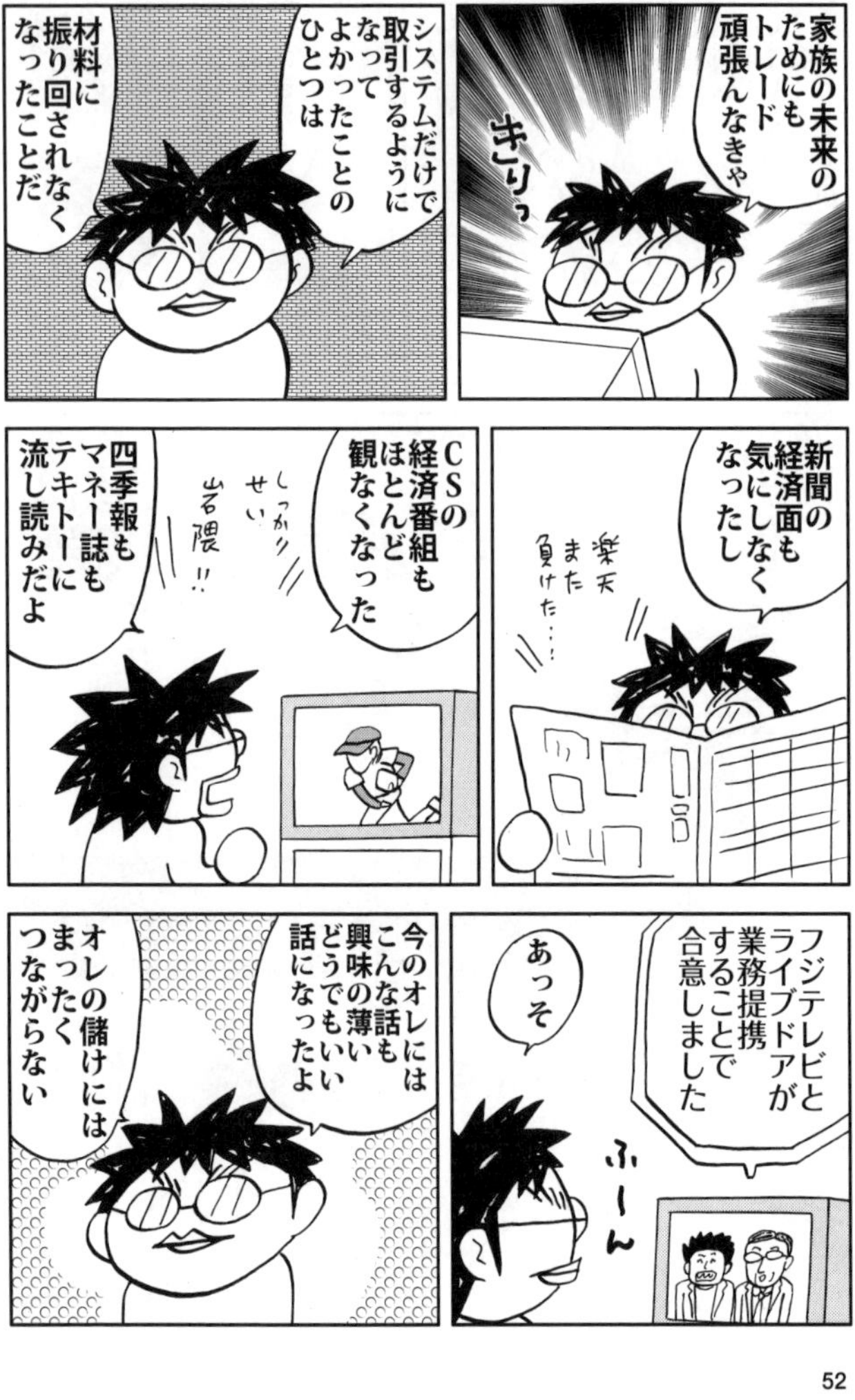
家族の未来のためにもトレード頑張んなきゃ
キリッ
システムだけで取引するようになってよかったことのひとつは
材料に振り回されなくなったことだ
新聞の経済面も気にしなくなったし
楽天また負けた…!
CSの経済番組もほとんど観なくなった
しっかりせい岩隈!!
四季報もマネー誌もテキトーに流し読みだよ
フジテレビとライブドアが業務提携することで合意しました
あっそ
ふーん
今のオレにはこんな話も興味の薄いどうでもいい話になったよ
オレの儲けにはまったくつながらない

GDPが下がったとか失業率が下がったとか
企業が新製品を開発したとか
そういう材料がどんだけ株価に影響するかはよく分からない
徹底的に調べれば分かんのかもしれないけどたぶん何十年もかかる
例えばある会社の新技術がどんくらいのもんかなんてかなりの専門知識がないと分からない
正直やってらんない
株価だけ見とけばそういう情報を追いかけるのと同じかそれ以上の効果がある
とオレは信じる
というわけで今月もまずまずの滑り出しのオレだ
4/1 +40,393円
4/4 +2,967円
4/5 +1,965円
ところが――
4/6 −24,084円
4/7 −8,018円
4/8 −12,030円
4/11 −5,101円
うーん……なんかおかしい…

4日連続で負けるなんて過去データでもなんぼでもあるんだけど……
しかしなんかおかしい気がする……
いい機会だから仕掛けの条件を厳しくするルールを1個足してみるか……
検証はほぼ終わっててパフォーマンスがアップすることは確認済みだ……
新ルール適用後
UP!
新ルール適用前
しかし……
ルールを足すときは慎重にやらねばならない……
ルール
システム
なぜならルールを足せば足すほど
過去データのうち自分に都合の悪いところをカットしただけになりかねないからだ
ルール
ルール
ルール
ルール
ルール
ルール
「カーブフィッティング」………
システムトレーダーが最も恐れるものだ…
「カーブフィット」されたシステムは
シミュレーションでは素晴らしくても本当の取引になるとてんでダメになる
シミュレーション
本番

ええい足しちゃえ!!
ずんがっ
新ルール
システム
4/12　±0円
4/13　−3,019円
じり　じり
う…まぁそんな1日や2日で結果が出るもんではない
4/14　−12,062円
4/15　−24,105円
うっ
ジュバッ
変わらずをはさんで7連敗…
過去データでもあったけどそんなに多くはない…
もしかして機能しなくなったのか!?オレのシステム……
いやいや先月は機能したじゃないか
大丈夫だ!!
しかし今月から機能しなくなったのかも…
いやいや月後半に盛り返すよきっと
そう大丈夫大丈夫大丈夫!!

ずんっ
4月収支
−59,097円
で——
これがウワサに聞くドローダウンってやつかぁ…
毎月確実に稼げるシステムなんて有り得ないからな
でも難しいなこんな早くくるかなドローダウン
ずっとこうだったらどうしよう
せめて半年は使ってみてから結論を…えーそんなにかよー
あんた材料気にしてたときよりも悩んでるよ
ちょっと名前は考えたの!?
えー
ロクデ1号でいいよ
2005年4月末
現金 4,667,597円
持ち株 0円
配当累計 44,493円
合計 4,712,090円
元本増減率 ＋4.71％
月収支 −59,097円
(−1.24％)

2005年4月の日経平均と主な出来事

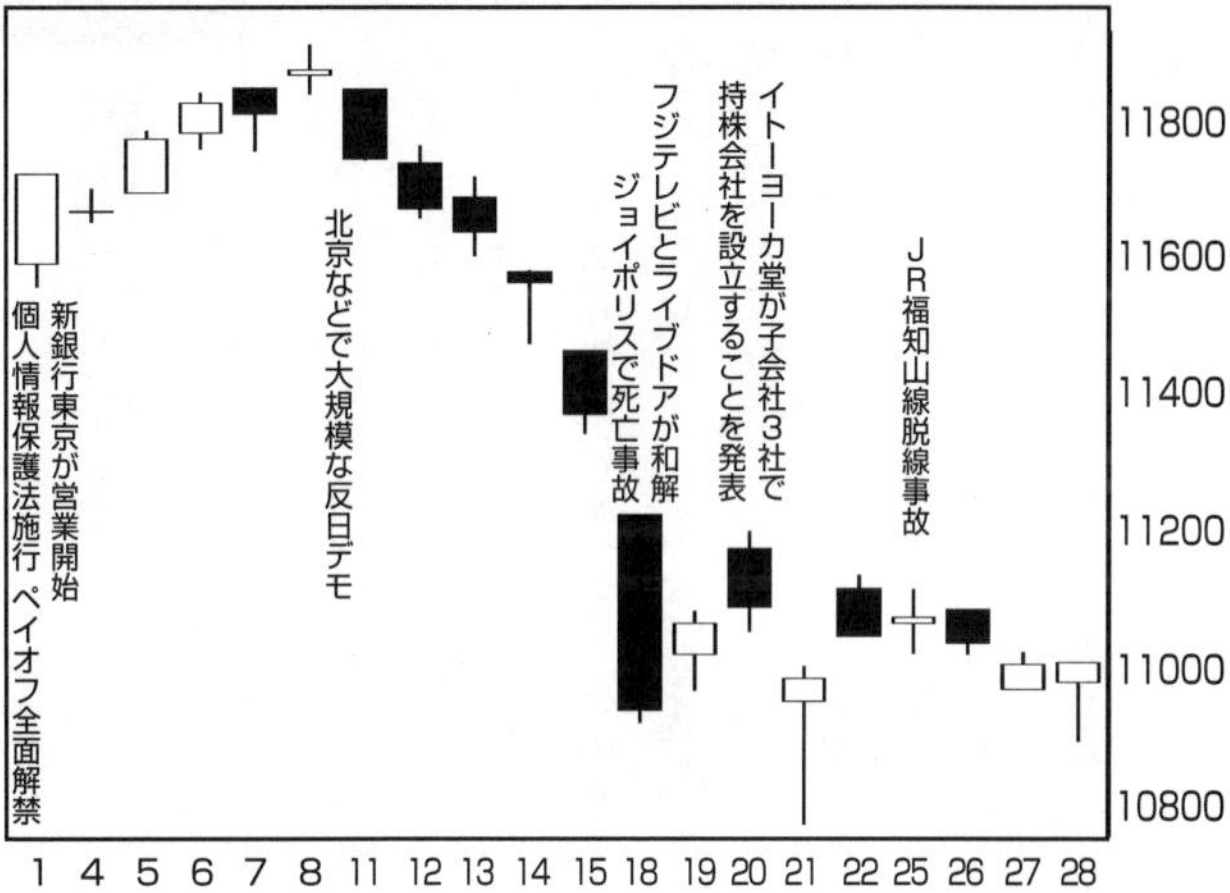

GDP（Gross Domestic Product） 国内総生産。一定期間内に国内で生み出された付加価値の総額。GDPの伸び率が経済成長率に値する。

カーブフィッティング　過剰最適化。こじつけ。

システムの条件を変えて過去のデータで最高の成績を出すようにすることを最適化という。

しかし、あまりやりすぎると、ただ過去のデータにこじつけることだけが目的となり、システムが機能する論理性を失い、将来機能しなくなる可能性が高くなる。

ドローダウン　資産のピークからの落ち込み幅。ひかされ幅。そのうちの一番大きなものを「最大ドローダウン」といい、システム評価の一指標とされる。

最終結果が良くても、ドローダウンが大きなシステムは敬遠される。

Point 3

無限の可能性

どんな相場でも勝てるシステムを維持するには、常に新しいパーツ（ルール）作りとテスト（検証）が欠かせない。

売買システムを作る作業は、いろいろな部品を組み合わせて自分なりのメカを作っていくようなものだ。大変ではあるが、モノ作りにも似た喜びがある。

やり方は「設計」→「組み立て」→「テスト」という手順の繰り返しとなる。

トレーダーの相場観に基づき、どのルールを組み合わせるかを設計し、それを検証可能なようにプログラミング言語を使って組み立てる。そして、過去の株価データを使ってテストしてみる。

すなわちシミュレーションだ。そのテスト結果を統計的に分析して、使えるかどうか判断する。いっぺんで使えるようになることはまれで、通常は設計を見直すことになる。そして新たなルールの組み合わせで検証する。

そういうことを何度も何度も繰り返し、使えるようなら実際に相場でテスト運用してみる。そこで問題点が発見されれば、また設計を見直す。

膨大な作業量だ。力仕事だ。

システムを構成する部品には「仕掛け」「手仕舞い」「フィルター」などがある。仕掛けは相場に入っていくためのルール、手仕舞いは損切りや利食いのためのルール、フィルターは効率の良くない仕掛けを除外するためのルールだ。

システムが「使えるかどうか」の判断基準は2つ。収益性と安定性だ。すごい利益率を示しても、トレードごとのばらつきが大きければ、実践では儲からない可能性が高い。収益率が高く、ばらつきが低いのが理想だ。

システム作りで気をつけなければならないのが「カーブフィッティング」、すなわち過剰最適化である。例えば、検証と修正をするなかで、新たなルールを足していくとする。しかし、目障りな仕掛けを取り除くためにフィルターを足しすぎると、過去のデータにシステムを過剰に合わせることになり、将来的に機能しなくなる。これをカーブフィッティングと呼ぶ。

ルールの数はなるべく少なく、シンプルなシステムにすべきなのだ。

カーブフィッティングを防ぐため、検証の信頼性を増すために、データ量は多いに越したことはない。オレは2000銘柄以上の東証銘柄の、20年以上にわたるデータで検証している。時間もかかるし、やりすぎかと思うこともある。だが、そこまでしないと安心できない性格なのだ。

システムをロボットに例えると…

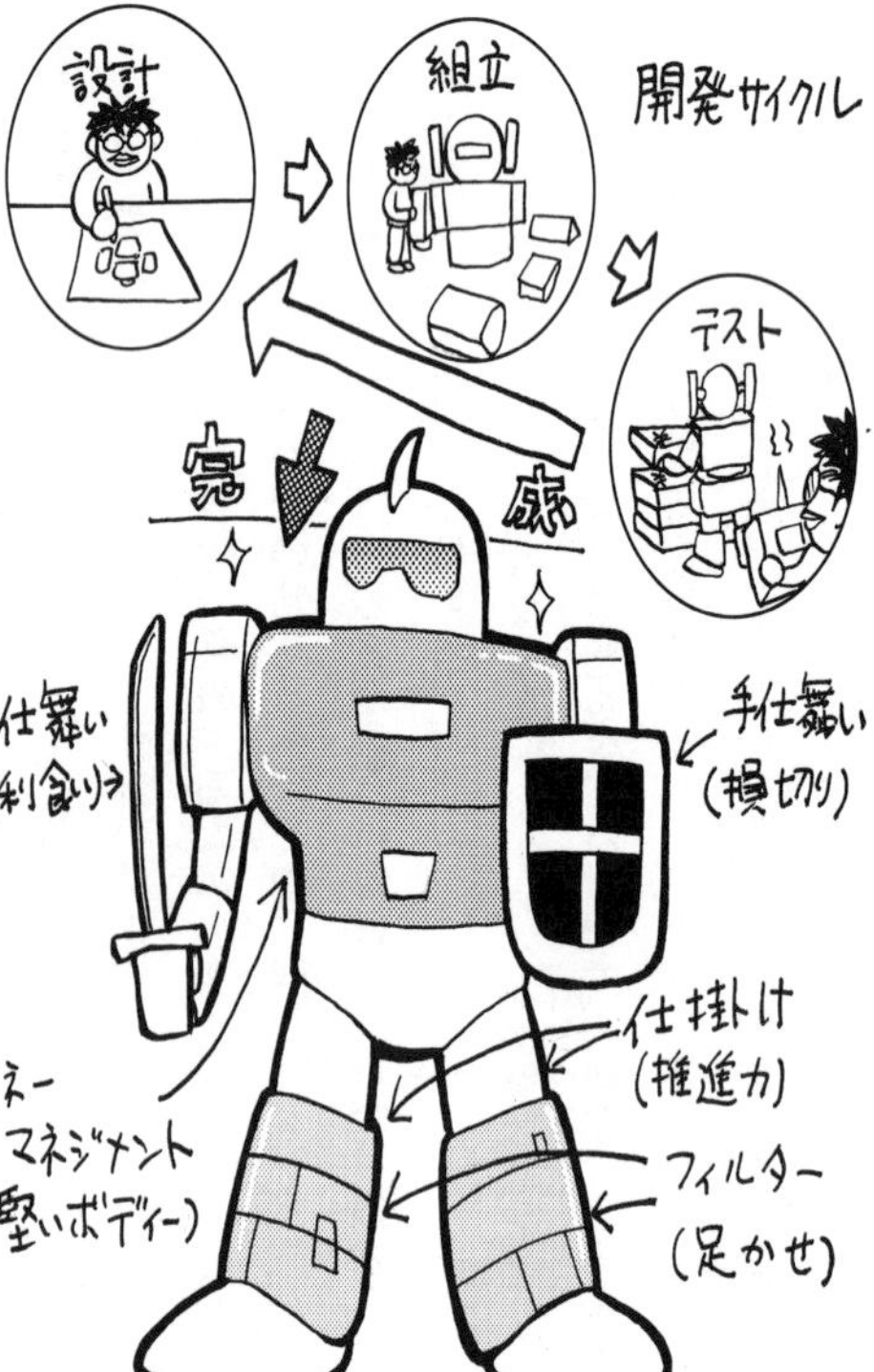

長者番付一位
サラリーマン
推定年収100億
2005年5月
「面白さ」を排除せよ
サラリーマンね――
まぁ間違いじゃないけど
職種は投資顧問会社の「ファンドマネジャー」だ
株
要するに株で儲けたんだよ
企業などの大口顧客から預かった金を運用してその運用益の一部を報酬として受け取る
顧客
顧客
資金
利益
利益
ファンド
報酬
ファンドマネジャー
そのファンドの中心人物だからこそ推定年収100億円も可能なのだ
10,000,000,000
個人投資家のオレとしては「生涯10億円」で満足だが

このマネジャー「清原さん」のやり方は企業調査が中心
経営者に会ってその人柄を見たりしてその会社の株を買うかどうか決めるらしい
オレみたいな値動きだけを見るやり方とは
まったく方向性が違う
清原氏のやり方は「ファンダメンタルズ分析」オレみたいなのは「テクニカル分析」といえるだろう
ファンダメンタルズ ＝企業分析
テクニカル ＝値動き分析
例えていうならファンダメンタルズは文科系テクニカルは理科系ってところか
政・経
+100
理・数
株価は長期的には業績の伸びにしたがい短期的には投資家心理が左右する
長期 ⇨ファンダメンタルズ
短期 ⇨テクニカル
↑オレはこっち
だから両方のやり方が成り立つ
しかし以前オレがやっていたようなチャートを見て主観で判断するテクニカル分析では
どうしても大衆の雰囲気にのまれてしまうことがある

そこで!!
人間的な弱さを排除する機械的なシステムトレードが有効なのだ!!
でそれは儲かるんですか!?
100億円儲かるファンダなんとかのほうがいいんじゃないんですか!?
ソボガよ…
その議論に終わりはないんだ
今ネットでは株日記が大流行で収支を公開している人がいっぱいいいる
株日記
ファンダメンタルズ派テクニカル派その両方を使う人などいろいろだが
どれにも勝ち組と負け組がいる
+5000
うあああああ −214000
負けてる人は公開をやめちゃうから見えにくいけど
でどうなんすか面白いんすかそのあーたのやってるテクニなんとかシステムは!!
面白いかだと——?

そりゃあ愚問だよ
当然材料に一喜一憂したり自分の好きにトレードするほうが楽しいはずだ
でもそれはパチンコのリーチに一喜一憂するのと同じで
金を儲けるには邪魔になる感情だ
どっくん どっくん
オレはパチンコ時代に悟ったんだ
「面白さの排除」こそが勝利への道だと
面白さ
もっともシステムを設計したり検証したりするのには別の面白さがある
後
前
パフォーマンスの向上が確認できたときなど最高だ
実践の前の段階で喜んで実践中は冷静に――
これが極意だ
しーん
カタ カタ
シグナルが出たらそれを淡々と執行するだけ
自分はシステムの部品のひとつにすぎない

その日がプラスかマイナスかなんて大した問題じゃない
勝った日と負けた日を並べてみると…
負けた日
5/6 −4,061円
5/16 −15,143円
5/19 −17,065円
5/24 −19,084円
5/25 −9,033円
5/27 −7,078円
勝った日
5/11 +41,852円
5/13 +27,913円
5/17 +17,964円
5/26 +27,966円
5/30 +6,966円
5/31 +15,264円
全体的にプラスの日のほうがマイナスの日よりも金額がデカい
そのことによってちょっとずつ金が残っていく感じだ
毎日心静かに暮らすうち
気がつくと金持ちになっていたと——
ねー
ん?
なんか破水したみたいなんだけど
えっ!!
診察室
どどうだった!?
やっぱり破水だって入院

でもまだ生まれるまで時間ありそうだし帰っていいよ
ほんとか!? ほんとに ほんとか!?
ほんじゃ まぁ ちょっくら トレードさして もらって
ピリ ピリ ピリ
陣痛 はじまった
うおおお
いててて
でも まだまだ だって 先生が… 帰って寝て
いや だって… …マジで
?
ほんじゃ まぁ…
ピリ ピリ ピリ
ガバッ
病院の者ですけど 産まれますよ
えーーっ
ほら パパよ
あっ えっ!?!?
はっ はっ
パパ?
2005年5月末
総資産
4,778,560円
元本増減率
＋6.19%
月収支
66,470円
(＋1.41%)

2005年5月の日経平均と主な出来事

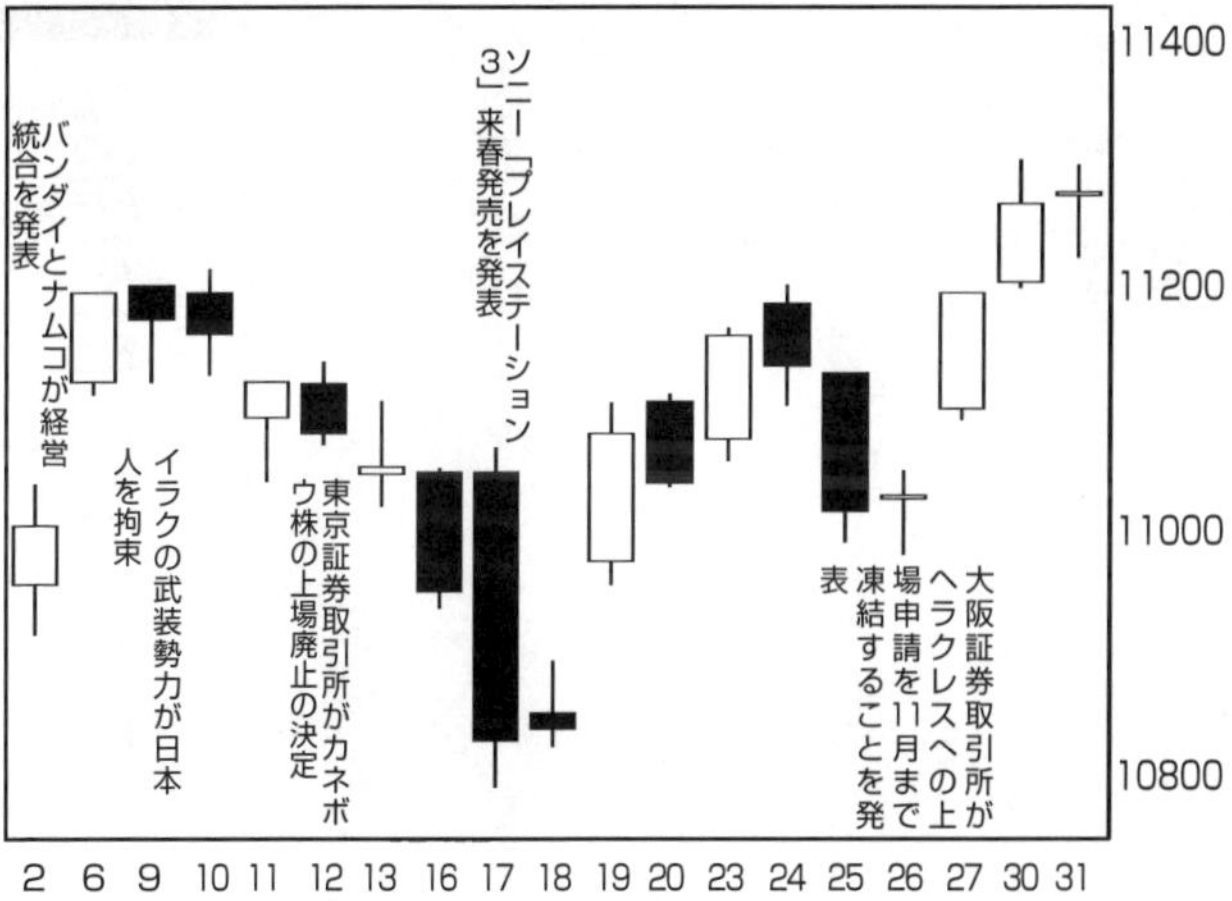

ファンドマネジャー　顧客から預かった資金を運用して収益・利益を上げる人。

　ファンド会社は、市場を分析し、そこから独自の投資信託商品を企画する。それらの商品を銀行や証券会社といった金融機関に販売してもらって投資家から資金を集め、その資金で投資し、収益を上げ、投資家たちに分配する。

ファンダメンタルズ分析　企業業績や財務といった株価を動かす基本的な要因の分析。

　決算短信や有価証券報告書などを参考に「株価が割安かどうか」「今後利益を伸ばせるかどうか」などを判断する。

テクニカル分析　過去の価格や出来高のパターンから将来の値動きを分析しようとする手法。

　株価チャートなどをもとに分析を行い、売買のタイミングを判断する。

ロクデナシ日記

破産を避けるために

子どもが生まれた。娘だ。コトはどんどん先に進んでいく。

親になったからといって、投資スタンスには少しも変化はない。何があろうと、システムに従うだけだ。将来、子どもが「大学に行きたい」と言った場合に備えて、しっかり金を作っておこう。

オレの口座にある金はオレだけのものではない。家族のものだ。だから、リスクは必要最小限にとどめねばならない。

リスクを取ってはいけないのではない。正しい戦略のもと、リスクを取ることは必要だ。

ただし、破産することだけは絶対に避けなければならない。

最近、株の収支を公開するサイトがベラボーに多い。それらをちょっと見ているのだが、1日に資産が10%以上も減ることがしばしばあるようなリスクを平気でとる人

マネーマネジメントの考えは何よりも重要

資金管理のキモは
1回の取引でリスクにさらす金額を小さく抑えること
具体的には1回の取引で損できるのは総資産のx%までと決めておくのがよくある手だ
総資産
最大損失 x%

がいる。そういう人たちは、ものすごく運が良ければ速やかに金持ちになれる。だが、ほとんどが1年持たずに資金を溶かすだろう。

実際、意気揚々と株日記を始めたはいいが、ふっ飛ばされてサイト閉鎖という例があとを絶たない。

そういう人たちは、なんでやられたと思っているのだろうか。

おそらく、銘柄選択が悪かったのだとか、買いや売りのタイミングを失敗したとか言うのだろう。

しかしそれは違う。大きすぎるリスクが原因だ。資金を目いっぱい1銘柄につぎ込んだり、損切りを遅れに遅らせることで、それは起きる。

銘柄選択や仕掛けの技術などよりも、リスク管取れるリスクは人によっても違うが…

オレは最初
2%以内で
やってた
200万持ちなら
4万が
最大損失となる
けど
1%を大きく
越えると
オレにはデカすぎると
感じた
だから今は
1%以内で
やってる

理のほうがはるかに重要だ。

驚いたことに、世の中のほとんどの個人投資家は、オレよりもずっと大きなリスクを取っているらしい。怖くて見ていられない。ちなみにオレは、ここ2年ばかりの間、1日に2%以上負けた日は1日もない。

臆病者と笑うかもしれない。だが、家族の将来がかかっているのだ。資金を守ること以上に大切なことなどない。

当然リターンも減るが、気にしない。子どもが大学に行く年齢になるまでには、まだまだ時間がある。ちょっとずつ増やしていけばいい。

子どものことばかり書いて、妻のことを忘れていた。えーとね、株で儲かったら、君の大好きなパンを好きなだけ買ってあげるよ。

2005年6月
テンションは低く
撮りまくりだね
新たな生きがい人生の目標ができたよ
子供が大人になるまでにかかると言われる1000万円を
株で稼ぐ!!
結局それかよ
なるべくはやく4～5年のうちに
遅くともこの子が小学生になるまでには!!
10億円って話はどうなったの？
それは生涯目標
その第一目標が1000万円だ

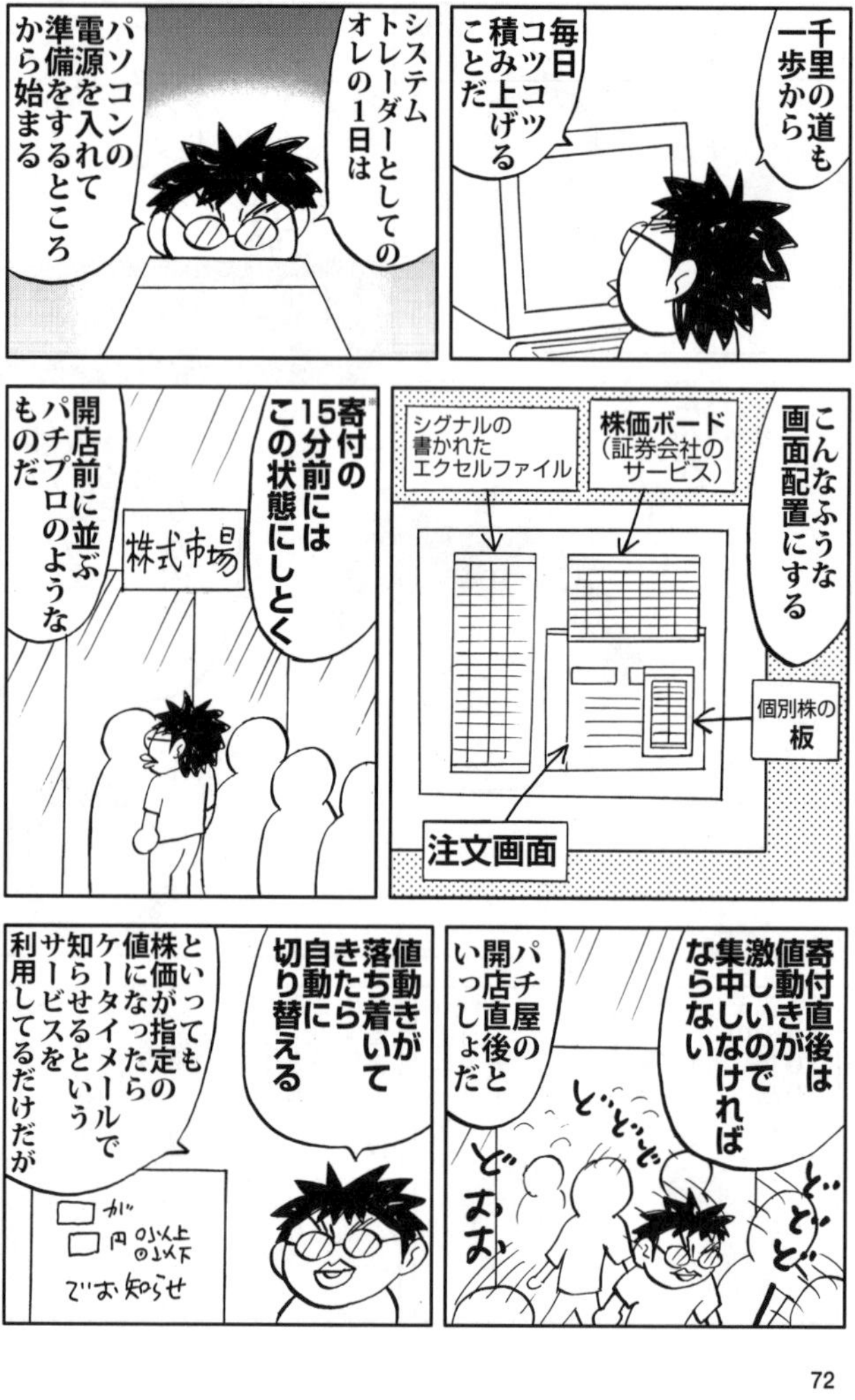
千里の道も一歩から
毎日コツコツ積み上げることだ
システムトレーダーとしてのオレの1日は
パソコンの電源を入れて準備をするところから始まる
こんなふうな画面配置にする
シグナルの書かれたエクセルファイル
株価ボード（証券会社のサービス）
個別株の板
注文画面
寄付※の15分前にはこの状態にしとく
開店前に並ぶパチプロのようなものだ
株式市場
寄付直後は値動きが激しいので集中しなければならない
パチ屋の開店直後といっしょだ
値動きが落ち着いてきたら自動に切り替える
といっても株価が指定の値になったらケータイメールで知らせるというサービスを利用してるだけだが
□が
□円以上
以下
でお知らせ

※寄付（よりつき）午前9時に取引所が始まるときの、最初の取引のこと。

あとは画面を注視する必要がないので仕事をする
ピルルルル
お
はい損切りね
分かった分かった
カタカタ
これらの一連の手順はまったく事務的に
役所の窓口みたいに実行する
例えば
住民課
あのっ娘が産まれて出生届を出しに
はい
そちらでお待ちください
あはい
こういうとき彼らはけっして
おめでとうございます～!! よかったですね～～～!!
というような反応はしない
あここ違いますので書き直してください
えっあっはいっ
とこのように

※大引(おおびけ) 取引時間の終了時。取引時間の最後に行われる売買のこと。

それでも日中出かけられないってわけでもない
こんにちはー
妻の実家
お父さんだよー
ピリリリリ
おいけね
ケータイでどこでもシグナルが受け取れて
しかも売買の注文までできる
売買～じゃなかった
バイバ～イ
娘も順調に成長
資産も順調に増加
言うことなし!!
しかし…
こんなにほのぼのしてていいんだろうか…
たしかに今のシステムは安定して稼げる
投入金額
利益
だがそれは信用取引で月に数千万円分回転させて数万のプラスというレベルだ
目標達成のためにはこれだけではキツイ
分散投資という意味でも別のやり方を取り入れたい

というわけでオレはここに
新システムの開発に着手する!!
妻と子が帰ってくるまでに骨格だけでも作っときたい
細かいルールは抜きにして大ざっぱにプログラミング
カタカタ
東証全銘柄の過去データを試してみて半分以上の銘柄でプラスにならなければ捨てる
勝ち 755
負け 1547
めったにいい結果は出ない
自分の相場観が否定されるようでつらい
前にいっぺん挫折してる
しかし今回は子供のためだ!!
なにがなんでも見つけるぞ!!
うおおおおおおおお
ゴ
む!?
これは来たか――!?
ただ今さらに詳しく検証中
2005年6月末
総資産 4,855,827円
元本増減率 ＋7.91%
月収支 77,267円
(＋1.62%)
月中ほとんど平坦で最後にドカンそれでよし

2005年6月の日経平均と主な出来事

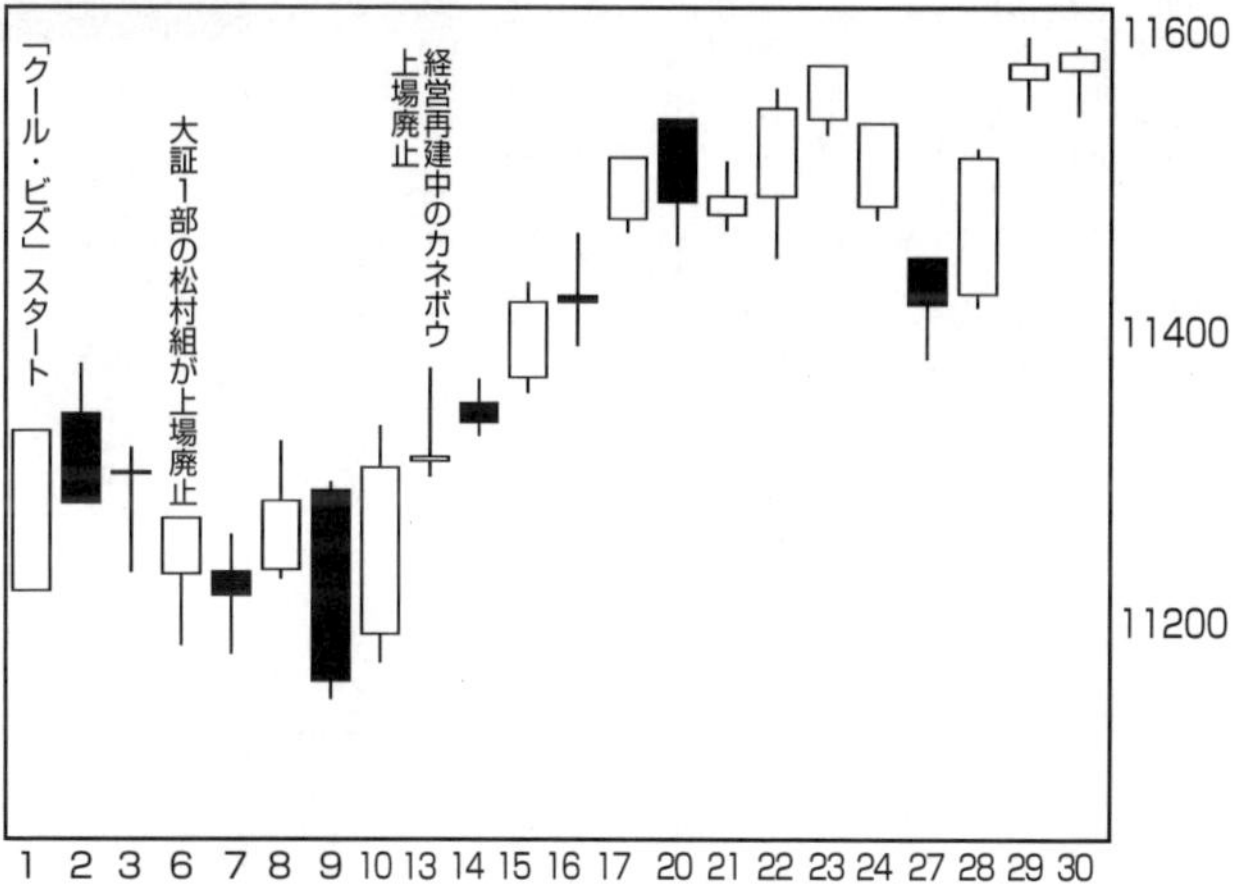

損切り　含み損となったポジションを見切って手仕舞うこと。早めの損切りで傷を浅く済ませ、資金を次の機会に回すことができる。

シグナル　システムによって出される売買の指示。相場や世の中からの情報をシステムによって加工して信号化し、それに従って売買するのがシステムトレードだ。

シグナルの例としては「3日連続で下げたら買え」とか「太陽の黒点の数が増えたら買え」などが考えられる。ただしそれに従うことによって安全や利益が得られなければ意味がない。

分散投資　全資金をひとつの対象だけに投資をすると、その投資対象の価値が下落した場合に投資資金が大きく減ってしまう。そういったリスクを軽減するために、時間、対象、投資商品を分散すること。

ロクデナシ日記

システムとは

「システム」はなにも特別なものではない。人間が関わるものすべてはシステムだ。

例として排便システムを見てみよう。

便意を催したら、便所に行き、ズボンを降ろし、パンツを脱いで便座に座り、排便をする。出し終わったら尻洗浄機のボタンを押し尻を洗う。最後に紙で拭いて、パンツとズボンを上げ、水を流して便所から出る——。

見事に完成されたシステムだ。もしパンツを降ろす前に尻洗いボタンを押し、その直後に排便したりしたら大変なことになる。

このように、たいていのことは、システムに従うことでうまくいく。というか、従わないとエライ目にあう。

特に勝負ごとではそうだ。サッカーではずばり「システム」という言葉が使われる。各選手がチームのシステムを無視して好き勝手に動いては、ボロ負けは必至だ。野球

勝ち組は自分のルールを持っている

寄付の15分前にはこの状態にしとく
開店前に並ぶパチプロのようなものだ
寄付直後は値動きが激しいので集中しなければならない
パチ屋の開店直後といっしょだ

の守備も同様。中継に入るべき二塁手がラーメンを食っていたら大量点だ。

オレは、パチンコ店での立ち回りを完全にシステム化していた。

朝イチで店に入り、台を物色して、良さそうな何台かに目星をつける。それを順番に打って、ボーダーを上回る台が見つかれば打ち続ける。見つからなければさっさと帰る。打ち続けた場合、デジタルを2000回回すか、現金で3万円負けるかしたらやめる。

ギャンブルの勝ち組の人々はおそらく、みんな何らかのシステムを持っている。こういう状況になったらこうする、ということがあらかじめ決まっている。

「あらかじめ」という部分が重要だ。

その場で考えるのではシステムではない。球が飛んできてからどうしようと考えるのではまったく遅い。

相場の場合もそうだ。いわゆるシステムトレーダーではなくても、勝ち組ならちゃんとシステムを持っている。仕掛けや手仕舞いの判断は自分でするにしても、1回の取引でリスクにさらす金額や割合はあらかじめ決めてあったりする。

結局、勝ちを求めればシステマティックになっていく。ならざるを得ないのだ。

オレはほかにも長年システム化しようとしていることがある。漫画のネタ出しだ。

しかし完成にはほど遠い。

前と同じ考え方をすると、必ず前と同じネタになるからだ。

ふん
ふん
先月のゴールド
巻末2色ページは
「正しい収支帳のつけ方」か
そういうことは
オレにきけー――――!!
2005年7月
収支をつけろ
もう!!
起きちゃったじゃないの!!
あ
ごめん
んぎゃあああ
なにしろオレは「パチンコで勝つにはどうしたらいいでしょう」と読者にメールで聞かれたら
必ず「収支をつけろ」と答えてきた男だ

ギャンブルの収支をつけるポイントは
①続ける ②なるべく詳しく書く ③分析する の3つだ
①の「続ける」に関してはパチンコで紙に収支をつけてたころには苦労した
パソコンにしてからは楽になったけど
②の「詳しく」はやりすぎると続かなくなるのでほどほどに
ただしこれもパソコンを使えばかなり詳しくしても大丈夫
で詳しく記録してあるほど③の「分析」がいろんな角度からできる
分析にはパソコンはほぼ必須だ
要するに
記録にはパソコンを使うことをオレはオススメする!!
ということだ
オレもパチンコ時代には分析結果から「朝イチから以外は成績が悪い」とか「あの店は意外と勝ちにくい」とか「12時新装は打つな」とかいろんなことが分かった
12:00
P店
10:30～

では
今は
株だ
それはもう
細かく
売買記録を
つけ
こねくり
回すように
分析
しとる
仕掛けと
手仕舞いの
日付や値段や株数と
いった基礎的な
情報から
勝率、取引頻度、
1トレードでの利益率、
月間期待損益などを
導き出している
システム
トレードの
勉強を
始めてから
いっそう
細かくなった
トレーディング
システム入門
ものの本に
よれば
取引ごとの
平均利益を
上げることと
同時に
バラつきを
小さくすることが
重要だという
そのための
指標が
「標準偏差」
だ
標準偏差
説明は
省くが
ことにかく
小さいつほど
バラつきが
小さいが
エクセルなら
STDEV関数
で求められる
=STDEV(~
パチ関係にしろ
株にしろ
自分の成績の
標準偏差
までで
調べてるヤツは
そうはいまい!!

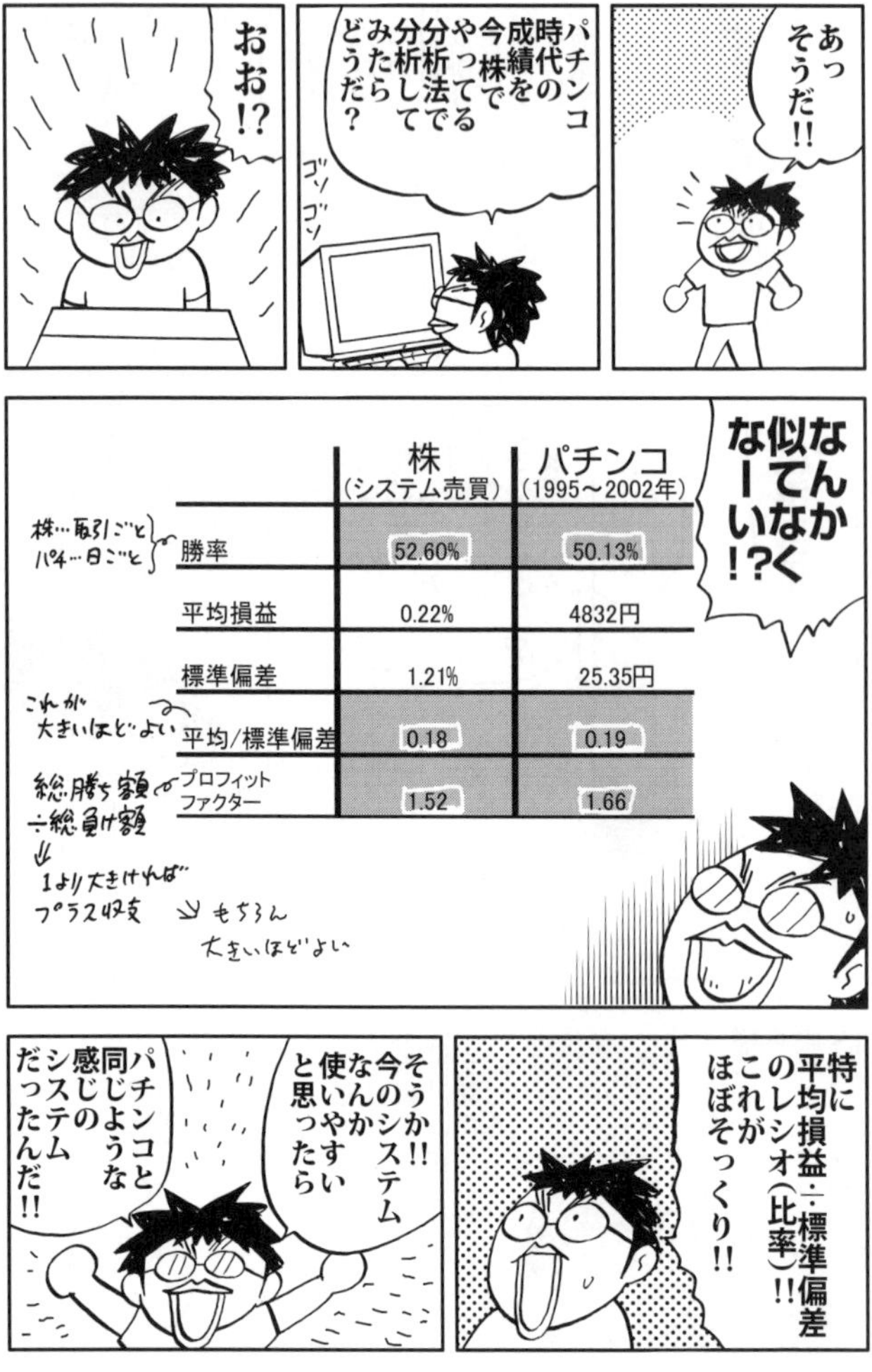
あっ
そうだ!!
パチンコ時代の成績を今株でやってる分析法で分析してみたらどうだ？
ゴソゴソ
おお!?
なんかく
似てな
なーい!?

	株（システム売買）	パチンコ（1995〜2002年）
勝率	52.60%	50.13%
平均損益	0.22%	4832円
標準偏差	1.21%	25.35円
平均/標準偏差	0.18	0.19
プロフィットファクター	1.52	1.66

株…取引ごと
パチ…日ごと
これが大きいほどよい
総勝ち額÷総負け額
1より大きければプラス収支
もちろん大きいほどよい
特に平均損益÷標準偏差のレシオ（比率）!!
これがほぼそっくり!!
そうか!!
今のシステムなんか使いやすいと思ったら
パチンコと同じような感じのシステムだったんだ!!

おーさっきまで泣いてたのにお湯に入るとピタッと泣きやんだ
胎内で羊水に浸かってたのを思い出すんだろうか……
みたいなことか――!?
ざばっ
無意識のうちにそういうシステムを作ってたのか――!?
違うと思う
話はそれたが
収支をつけることは非常に大事だということだ
ネットの株日記を見ても細かに記録してる人ほど勝ってるという印象がある
最初は損しててもだんだん上達してすごい利益になったりとか
株ブログ!!
あとネットで発表すること自体がいい結果をもたらしている気がする
見られてると思うとちゃんとする―ダイエットと同じだ
オレもこうして漫画に描いてなければ今ごろボロボロになってたかもしれん
収支の公表はオススメの上達法だ

うっしゃっしゃっしゃっそんなことよりも先月言ってた新システムとやらはどうなったんですか!?
うっしゃっしゃっしゃっしゃっしゃっしゃっ
ちゃんと検証してるよ
基本的な部分はできてて今パラメータの最適化をやってる
なにしろ組み合わせが膨大なんだ
東証全銘柄1回回すのに3～4時間かかるから月単位のプロジェクトだ
最初5割ちょいの銘柄でしかプラスにならんかったものが
部品を足したり引いたり数字をいじったりすることで8割近くにまで向上してきてる
部品
本体
部品
20
5
3
パチンコに似た結果を出す第一システムで心地良く利益を出しながら
新システム検証のためパソコンをフル回転させてる
で早ければ8月中には運用開始と……
N●SAだってもっと見切り発射ですよ
うっしゃっしゃっしゃっ
2005年7月末
総資産 4,928,249円
元本増減率 ＋9.52%
月収支 ＋72,422円
(＋1.49%)
パートの仕事みたいな安定収入だ

2005年7月の日経平均と主な出来事

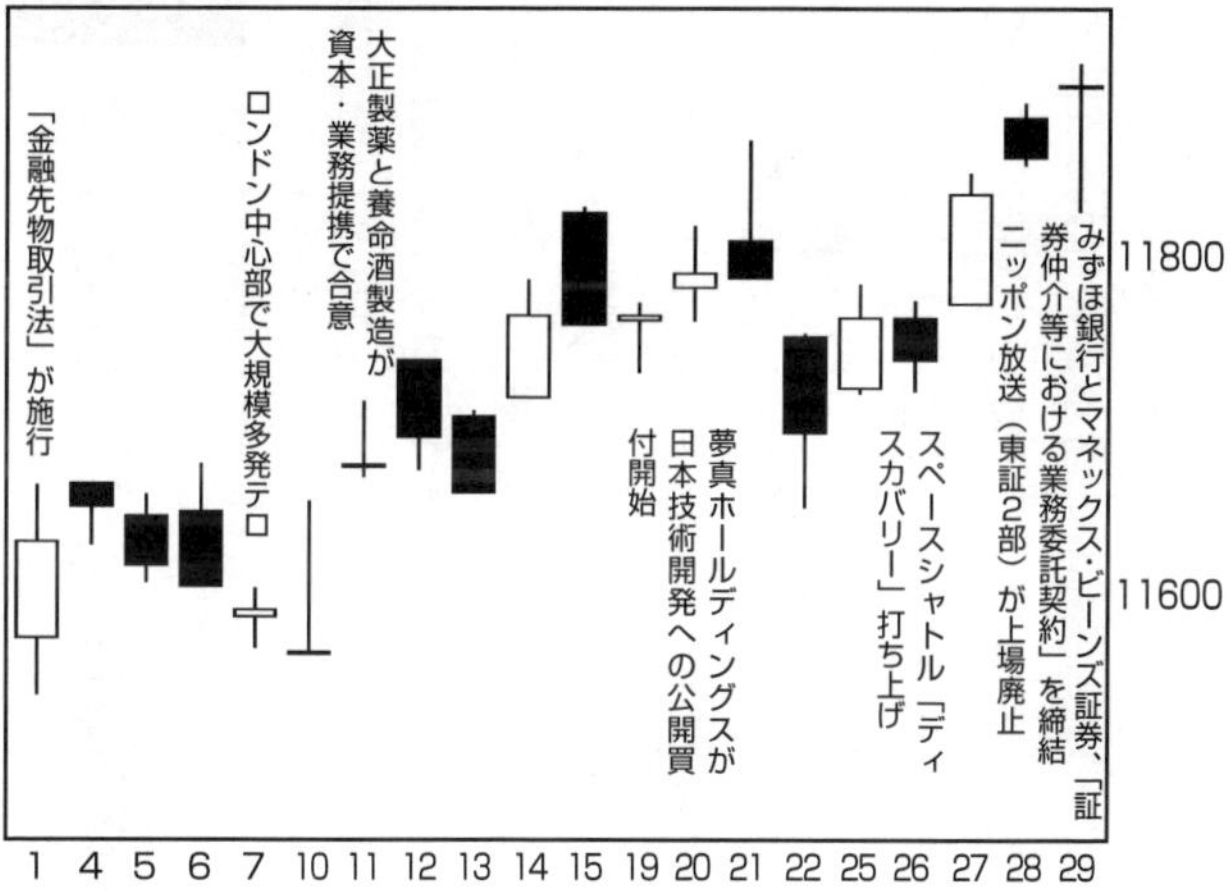

パラメータ　トレーディングシステム内で、指標などを計算するために与える設定値。例えば、26日移動平均線と52日移動平均線でいうところの「26」「52」がパラメータに該当する。

パラメータの変更でシステムの成績が激変することがあるが、その数値の合理性を考える必要がある。

システムの最大ドローダウン　最大ドローダウンとは、そのシステムのもっとも深い谷の部分のことだ。

どんなに手堅いシステムでも、ある程度負けが込む時期がある。統計的にどの程度までの負けが現実に起こり得るかをあらかじめシミュレートしておくのだ。

ただ、その負けがシステムの欠陥によるものだったり、市場の変化にシステムが対応できていない……という可能性もあるので、大きなドローダウンに襲われたときは、検証作業が大事なのである。

ロクデナシ日記

パチンコにヤメどきはある

実はパチンコにヤメどきはある。まだ仮説の段階だが、そんな気がしてならない。

長い間、パチンコにヤメどきはないと信じてきた。パチンコ雑誌の主張もおおむねそんな感じだった。期待値がプラスの台なら、時間と金の限界までとことん勝負するのが正しいと確率論者のパチンカーは思っていた。

しかし今、システムトレードについて勉強してみて、もっと別の見方があるのではないかという考えが浮かんだ。それは「ばらつきが小さいほうが優れたシステムである」ということを知ったからだ。

もちろん、最大の利益を上げるだけなら時間も金も目いっぱい使って打つのがいいということに変わりはない。しかし、それだと大負けが続いたとき、人によっては立ち直れないほどの精神的・金銭的ダメージを受ける可能性がある。

一方、1日に突っ込む最大の金額を決めておけば、トータルの収支は低くなる。そのかわり、結果のばらつきが少なくなり、安定した成績になるはずだ。

どちらを選ぶかは、その人の性格や好みだ。数学的な正しさだけでは決められない。また、持ち金によってもリスクの取れる金額は違ってくるだろう。貯金が5万円しかない人と5000万円ある人とでは、勝つための戦略が違ってきて当然だ。十分に多くのお金がある人なら「有り金勝負」も可能である。だが、経済状態の厳しい人ならなるべく長く生き延びるすべを考えなければならない。

このあたりのことを掘り下げていけば、人それぞれに応じた立ち回りを導き出せるだろう。また、勝つために最低限必要な種銭はいくらかというような問題にも解答を示せるはずだ。

こういったことがパチンコについて正しいとすれば、おそらくパチスロでも同じようなことが言えるだろう。

冒頭でも言ったとおり、これらのことはいまだ仮説の段階だ。だがもしこれを証明できれば「パチンコ・パチスロにヤメどきあり」というアイデアに科学的根拠を示した者として、オレの名はパチンコマスコミ界に永久に刻みつけられるだろう。

別に刻みつけられたくはないが。

システムの「ゆらぎ」も把握する

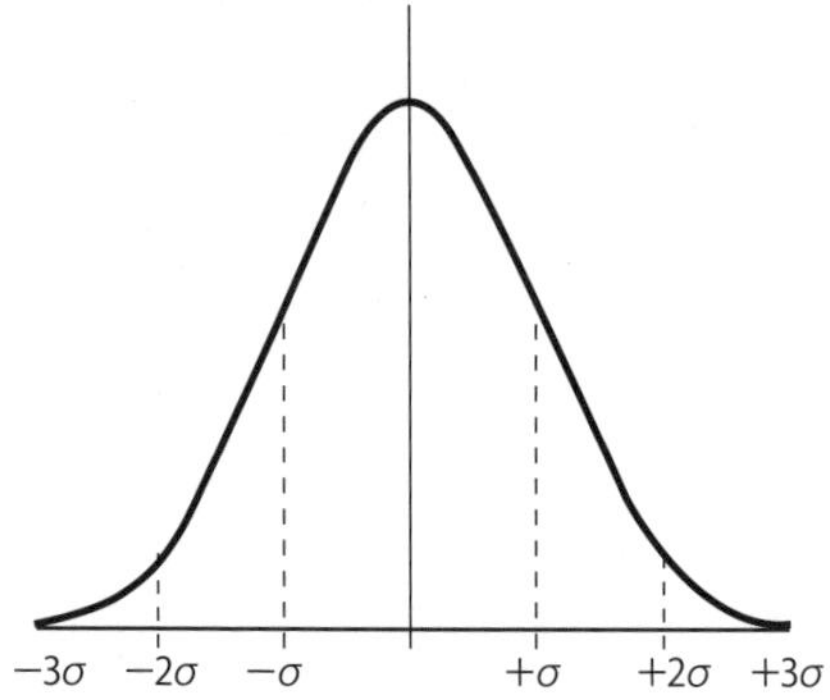
−3σ
−2σ
−σ
+σ
+2σ
+3σ

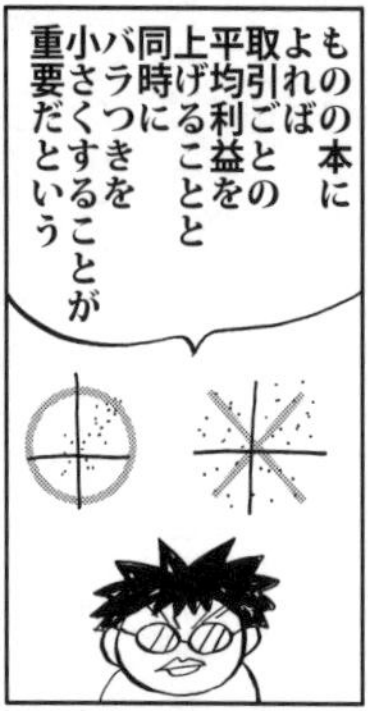
ものの本に
よれば
取引ごとの
平均利益を
上げることと
同時に
バラつきを
小さくすることが
重要だという

標準偏差

標準偏差は、システムで行ったトレードの結果にどの程度バラツキが出るかを検証するために計算する。このバラツキがより小さいシステムほど、想定どおりの結果に収まりやすくなる。想定外が少なくなれば、リスクもそれだけ低くなる。

サンプルが正規分布する場合、1標準偏差（σシグマ）の中にサンプルの68％が収まる。2標準偏差以内に95％が収まる。

例えば、ある試験の平均点が50点で標準偏差が20点だったとすると、受験生の68％が50±20点、すなわち30点～70点の間に収まっている。95％が50±40点、すなわち10点～90点の範囲に収まる。

お盆
妻の実家
妻の妹夫婦
ぱちんこ
ウルトラセブンで
10万円勝ちました
ふーん
生活費に
ちょっと
入れて
くれたん
だよね
焼き肉
も食べに
行った
じゃん
いいなー
台選びは
どうやって
るの？
ウルトラ
マン
好きなん
ですよ
あと
テレビで
取り上げ
られてて
興味が…
いや
そういうこと
じゃなくて
ボーダーは
把握
してるのか
ちゃんと
回転数は
数えてるのか
釘はどうか
いや
そういうのは
全然……
2005年8月
第2システム始動

ガタ
ガタ
ガタ
ガタ
ん?
地震!?
けっこうデカい
危ない!!
きゃー
ガタ
ガタ
ガタ
さっ
ガタ
ん……収まったか?
カタ
カタ
こわかったー
震度5強だって
この地震による株式相場への影響……特になし
そんな感じでお盆終わり
通常の相場生活へ
何がおきても常に冷静さを保つ―― それが理想のトレーダー像
地震がきてもドキドキしない
大勝ちしても浮かれて焼肉に行ったりしない
ここ数カ月はコンスタントに6～7万円稼いでいる
今月も半分過ぎたところで6万円…

そろそろ手を広げる時期かなー
検証を重ねてきた第2のシステムをいよいよ実践でテストしてみるか
第2システム
第1システムの半分の資金で
慣れてないからシグナルを見落としそうだな
注意しないと
ん？シグナル出たんじゃないか？
えーとえーとこうやってこうやってこうか!?
8/17 ▲4,993円
8/18 ▲1,779円
8/19 ▲2,226円
じりじりじりじり
うん最初はこんなもんでしょ
冷静に受けとめとります
でも仕掛けるときは地震のときよりも慌ててたね
いいの!!
8/22 +26,431円
ほら見ろ!!
第1のほうで儲けたんだけどね

そして―
8/24
総資産
5,002,423円
よっしゃー 1年半ぶりに 500万円越え 達成――!!
バンザ――イ!! バンザ――イ!!
家買うか 家!!
どうしたの?
おいおい
幸せは 来るときはゆっくりで 去るときは実に早い
調子が 上がって きたので 手を広げよう
第1のほうの ウォッチ銘柄を 増やそう
取引対象の 株を増やす ことによって シグナルが たくさん 出て
取引が 増えて 儲けも 増える
言うこと なし
8/29
▲27,117円
で―― 手を広げた株で さっそく やられた――!!
取引が 増えると リスクも 増える?
いやいや 期待値がプラス であるかぎり そんなことはない
8/30 ▲6,931円
ふぐっ
あっと いう間に 月の利益 半減

そして8月31日
くそう!! 今日1日でまた500万円にもってくぞー!!
ゴー
第1システムのシグナルでた!!
いかんいかん
冷静にならねば
えっあの株もう損切り!?
ばっ
損切り値より
▲10,000円
うわっもうこんなに動いてる!!
えーとこういうときはどうすればいいんだ!?
今の値段で損切るか
▲12,000円↓
▲14,000円↓
▲18,000円↓
それとも予定の損切り値まで戻るのを待つか…
▲24,000円
▲26,000円
▲32,000円
ぼ

8/31 ずーーーん
大引け▲45,000円
ふしゅううう
ああああ……
結局切るに切れずにポジション持ち越し…
さ…最悪のトレードだ……
いやだって損切りが遅れたときのことは検証してないんだもん
ぶつぶつ
てゆーか検証の仕方もわからんし
損切りはしなくちゃならない
でも損切り値よりも不利な値段で処分しても期待値はプラスかどうか——そこまで考えてなかった
どうしてもシステム化できない部分もある
なかでも失敗したときこの気分の落ち込みにどう対処するかは——
みてみてくすぐると声出して笑うのー
アアアハハハ
コチョ
わははは なんだそりゃー
2005年8月末
総資産 4,930,129円
元本増減率 ＋9.56%
月収支 ＋1,800円 (＋0.04%)

2005年8月の日経平均と主な出来事

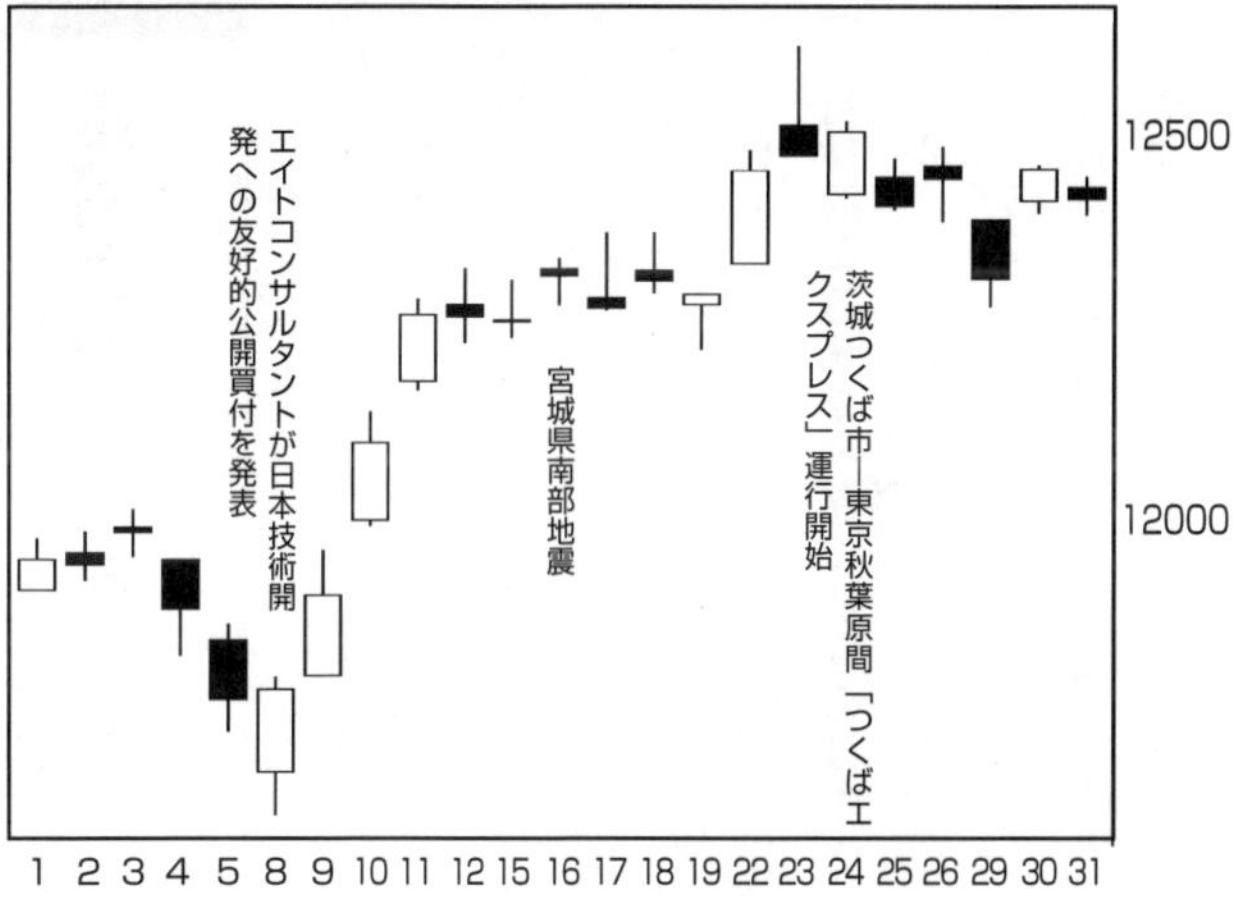

釘　パチンコ店は、釘調整によって出玉を加減する。店が出す気がある台かどうかは、釘を見ればほぼ分かる（達人になれば）。

宮城県南部地震　2005年8月16日、宮城県南部でマグニチュード7.2の地震が発生。最大震度は6弱。屋内プールで天井が崩落するなどした。100名が重軽傷。

プロフィットファクター（期待値）　利益÷損失。
どんなに勝率が高くても、プロフィットファクターが1.0以下であれば、いずれ破産してしまう。

ペイオフレシオ（損益率、プロフィットレシオ、ペイアウトレシオ）　勝ちトレードの平均利益÷負けトレードの平均損失。
損小利大の程度を表す指標である。

Point 4

運用上の心構え

2006年上半期、ライブドア・村上ファンド問題で株式市場は大きく揺れた。この難局をタクマはどう立ち回り、いかに乗り越えたか!?

売買システムに必要とされる要件は、ひとつには期待値がプラスであること、そしてもうひとつは使い続けることができることだ。

期待値がプラスかどうかは過去データで検証すれば分かる。しかし、使い続けることができるかどうかは、実際に本物の取引で使ってみなければ分からないこともある。それは、そのシステムを使うトレーダーの資質や身辺事情によるところが大きい。

シミュレーションでいくら良い利益率を残しても、あまりに成績の上下動が激しければ、精神的な意味で実際に使うのはキツい。「予想以上に大きなドローダウン」はかなりクル。できれば、トレードごとの結果の標準偏差を小さく抑えておき、さらに複数のシステムを平行して使いたい。ただし、どの程度の上下動に耐えられるかは人によって違う。資金量によっても違う。

どれだけの時間をトレードに割けるかも重要なポイントだ。

損切り遅れはヤバい

場中や引け後に多大な時間が必要なものは、普通に働いている人には使えない。設計段階でそういう点を考慮に入れなければならない。

仕掛けそこないや損切り遅れなど、シグナルどおりにトレードできないという問題も大きい。シグナルを見落とすこともあれば、早い値動きに精神的にヤラれてフリーズしてしまうこともある。

ひとつ心得ておきたいのは、仕掛けそこないよりも損切り遅れのほうがヤバいということだ。ストップにかかっているのを見つけ次第、予定よりも悪い値でも切ること。

これらの精神的な負担は、事前の徹底的な検証作業によって軽減できる。そこが、システムでトレードする最大の意義だ。

運用上の心構え４カ条

①システムを運用するのは人

坂本システムも、世の中の多くのシステムも、システムからのシグナルを見て、最後に注文を出すのは人間。そこに大きな落とし穴がある。

「おいおい、いくらなんでもここで買っちゃヤバいだろ…」などなど、システムからのシグナルを自分の主観で評価してしまうのである。そして、ついシグナルに逆らう愚を犯してしまう。

どんなに検証を重ねても、どんなに完ぺきなシステムでも、シグナルどおりに売買しなければ意味がない。システムトレードをするときは、自分もシステムの一部と化す鉄の心が必要だ。

②常に相場は変化している。一見完ぺきでも永久には機能しない

たとえ「過去10年の検証で1年の赤字もなく、月間の赤字もほとんどない」というすごいシステムでも、それが明日も同じように機能するという保証はない。相場と

良いシステムがずっと機能する保証はない

いうモンスターは日々、刻々と変化している。

常に変化を見据えて、研究を怠らず、新しいシステムの可能性を追求し続けることが重要なのである。

③複数の異なるシステムを持つことによって、リスクをヘッジする

ひとつのシステムのみにすべての資金を投入していた場合、そのシステムがドローダウンしたときや、大きく相場に逆をつかれた場合に大きなリスクが生じる。

また、上げ相場や下げ相場など、相場にはさまざまなコンディションがある。どんなコンディションにも最高のパフォーマン

スを上げられるような、完ぺきなシステムはそうそう作れない。

そこで必要となるのは、特徴や得手不得手が異なる複数のシステムを持つことだ。それらの複数のシステムに資金を分散して投入すれば、ドローダウンや相場のコンディションによるリスクをヘッジできる。

④システムの検証は〝疑い〟が完全になくなるまで徹底的に行う

人間は心の弱い生き物だ。

「このシステムは勝てるはずだ」と思っていても、大きなドローダウンに遭遇すると、勝負どころで心が揺らぐ。「本当に大丈夫なのか…?」

ここで自分の裁量でシグナルを無視するという愚を犯さないためにも、システムの検証には妥協を許すべきではない。

1ミリの疑いを抱かなくても済むぐらい徹底的に検証を行えば、そのシステム自体もより強固で堅牢なものになるし、自分の精神もより強いものになる。安定した状態でシステムトレードを行える。

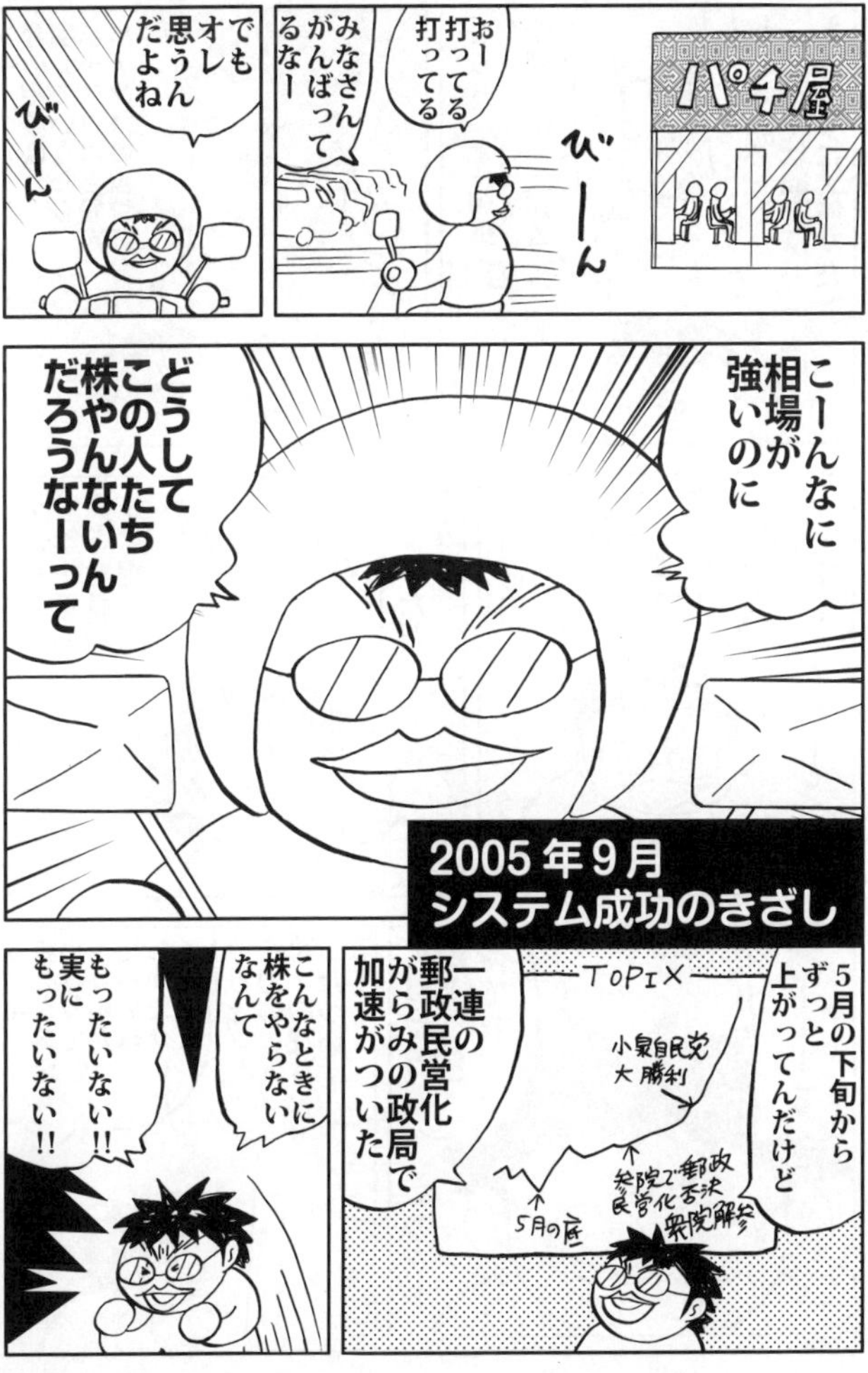
パチ屋
びーん
おー打ってる打ってる
みなさんがんばってるなー
でもオレ思うんだよねん
びーん
こーんなに相場が強いのに
どうしてこの人たち株やんないんだろうなーって
2005年9月
システム成功のきざし
5月の下旬からずっと上がってんだけど
一連の郵政民営化がらみの政局で加速がついた
TOPIX
小泉自民党大勝利
参院で郵政民営化否決
衆院解散
5月の底
こんなときに株をやらないなんて
もったいない!!
実にもったいない!!

今の相場は例えていうならパチスロの高設定パチンコの超甘釘台
もちろん上げ相場だからといって全部の株が上がるわけじゃない
しかしかなりの「高確率状態」にあることは確かだ
そんな今年一番の強さを見せた9月相場の
オレのトレードを見ていただこう!!
9月6日
うわあ今日はシグナルがいっぱい出るなー
あー忙しい
カチーン
カタカタ
うーん第2システムのほうで少々損が出るのはしかたないが
今日は主力の第1のほうがもたついてる……
あっあっちょっと待て!!
あーーっ
ぴこーん
ぴこーん

先月末の悪夢の続きなのか……もうダメかも
50,000
娘よ…お前も父ちゃんといっしょにうつぶせか
あうあぁうあぁあぁあ
おお!!首を上げられるようになったのか!!
ぴょんっ
こんなことでくじけてられっか!!やるぞ!!
がばっ
あうあ～
9月7日
+27,886円
よしよし持ち直した!!第1はガタガタとはいかないいんだよ
そして使い始めて1カ月ようやく第2システムでも利益が出始めた
慣れてきて発注でもたつくこともなくなった
9/12 +15,973円
9/13 −321円
9/14 −5,924円
月の半分で2万ちょいの浮きか…マイナス5万くらったわりにまあまあだな
でこっからどとーの攻撃

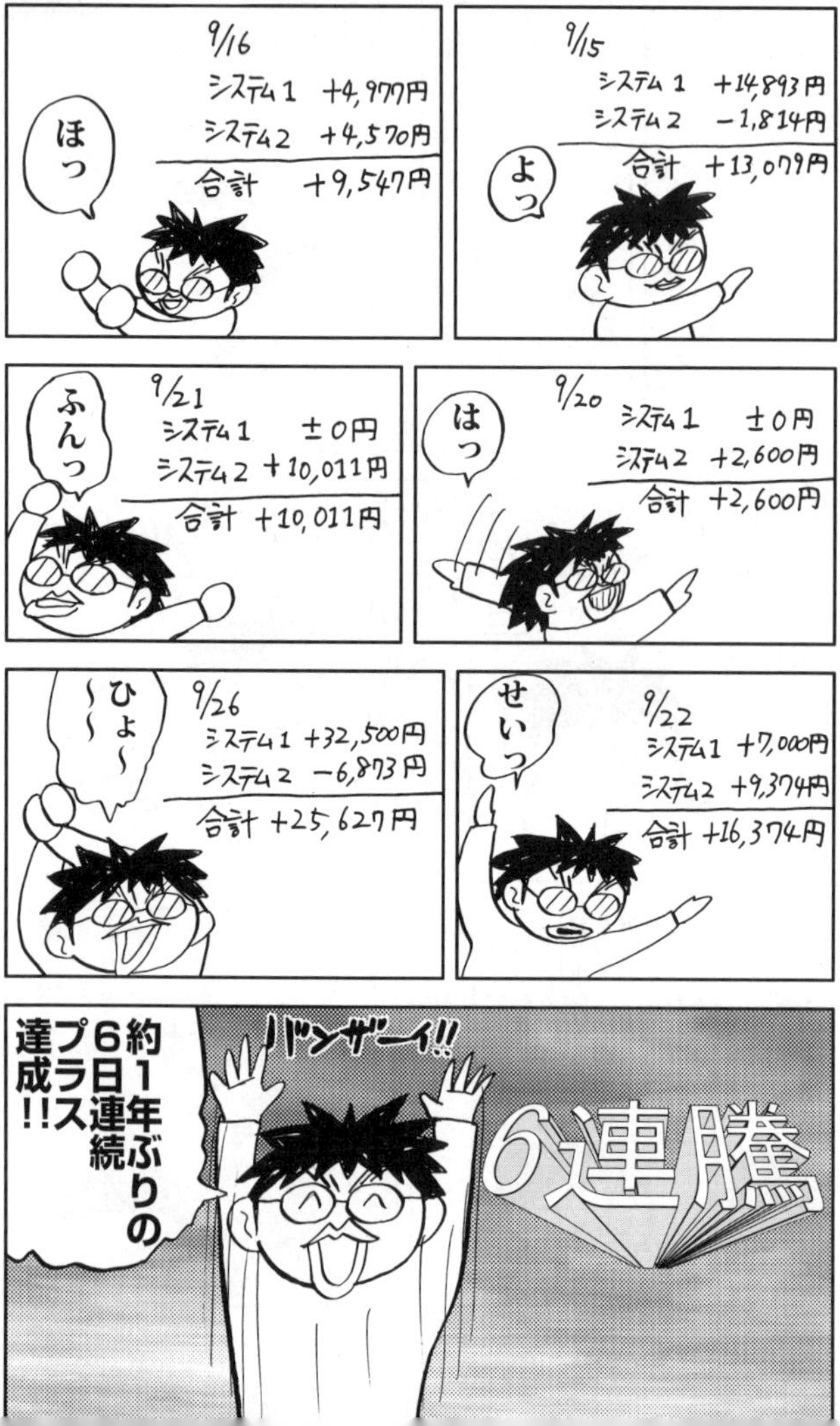
9/15
システム1 +14,893円
システム2 −1,814円
合計 +13,079円
よっ
9/16
システム1 +4,977円
システム2 +4,570円
合計 +9,547円
ほっ
9/20
システム1 ±0円
システム2 +2,600円
合計 +2,600円
はっ
9/21
システム1 ±0円
システム2 +10,011円
合計 +10,011円
ふんっ
9/22
システム1 +7,000円
システム2 +9,374円
合計 +16,374円
せいっ
9/26
システム1 +32,500円
システム2 −6,873円
合計 +25,627円
ひょ〜〜〜
6連騰
バンザーイ!!
約1年ぶりの6日連続プラス達成!!

一方がダメなときもう一方が補う理想的な展開!!
さあ——7連続なら自己タイ記録だが——!?
9/27
システム1　−21,241円
システム2　+19,752円
合計　−1,489円
くわー惜っし〜〜!!
ん？なんだこの取引
現在の建玉
名義書換料とやらが1050円も引かれることになってる…
名義書換料
1,050円
買建
2,000株
え——っ!?中間決算の日をまたいで持ち越してるから
1売買単位につき52・5円の名義書換料がかかるだとー!?
信用取引にそんな経費があるなんてすっかり忘れてた…
おまけに損切りの値段になるし
あーあツキもここまでか
ポ
チ
取引自体はマイナス4000円だが
手数料と信用経費でマイナス6000円以上…
やっぱ信用は余計な金がかかるな
信用取引　取引報告書
ってえ——!?
プラスになってる〜——!?
何かの間違いじゃないの!?
ご精算金額
+17,672円

おおっ!? 逆日歩が 2万4000円 もっいてる!?
逆日歩(お受取)
24,100円
1株当たり 12円って なにそれ どうしたの!?
9/28 +40,542円
なんだか 知らないけど 信用取引 バンザーイ!!
というわけで 9月はプラス 14万円!!
2年2カ月ぶりの 10万円超え フォ〜〜〜!!
まともに この上昇相場の 恩恵を 受けましたね
うっしゃっしゃっしゃっ
ちっちっちっ
たしかに 相場が良かった おかげも 多少あるが
この勝利は オレの システムが うまく機能した 結果だ!!
その証拠に 儲けの半分は 空売りに よるもの!!
この地合で 空売りシグナル 出すなんて どんだけ 市場から 独立しているか!!
そして 独立性を示す もうひとつの 証拠!!
TOPIXが 11%も上がってるのに オレの資産は 3%弱しか 増えてない!!
うっしゃっしゃっしゃっ
負けと 同じですよ
2005年9月末
総資産
5,076,047円
元本増減率
+12.80%
月収支
+145,918円
(+2.96%)

2005年9月の日経平均と主な出来事

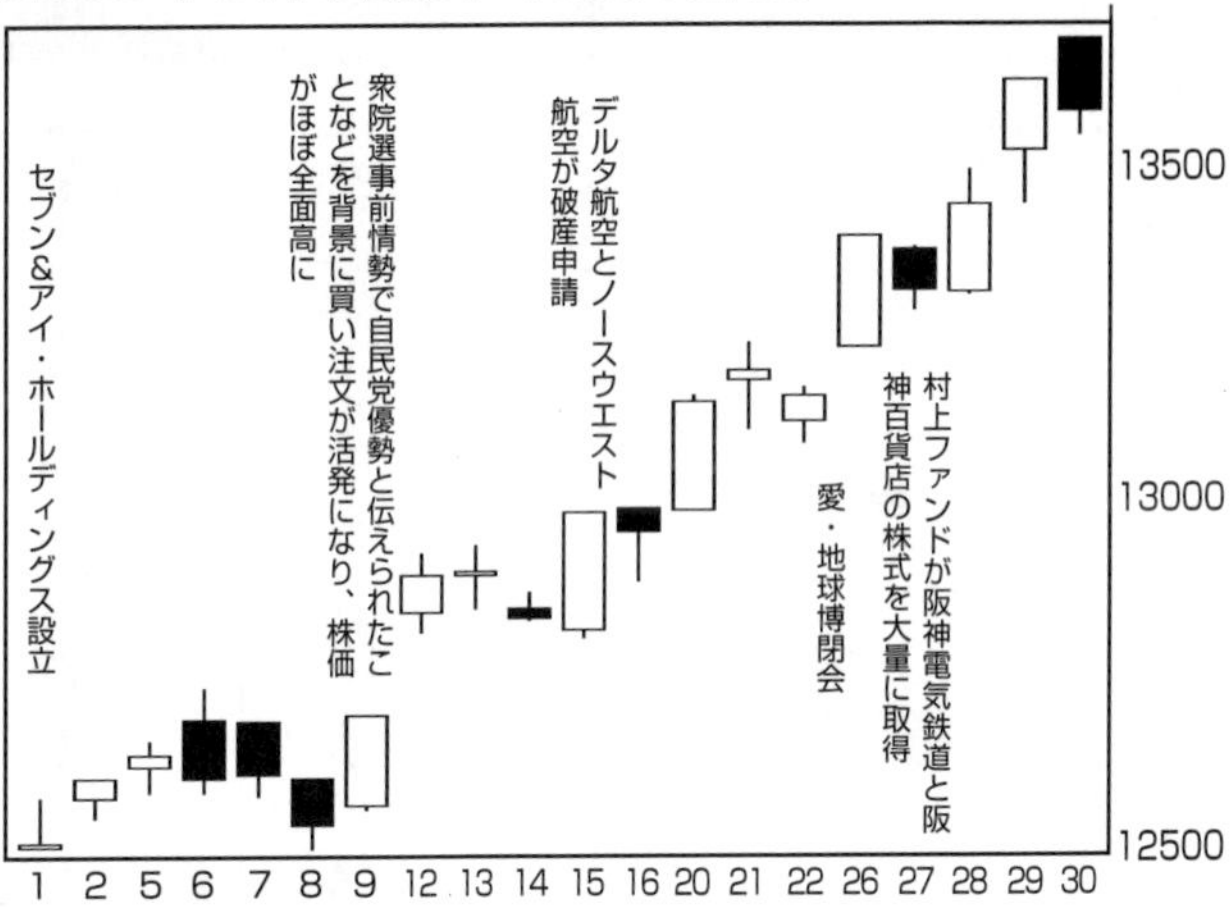

名義書換料　信用取引にかかる諸費用のひとつ。権利処理等手数料ともいい、権利最終日（配当などを受け取る権利が確定される日）をまたいで信用買建をしていると、１売買単位当たり52・5円取られる。

「１売買単位当たり」というところがくせ者だ。同じ２０００株でも、１０００株単位の銘柄なら１０５円、１００株単位だと１０５０円となる。

なお、なぜこういう費用が発生するのかという説明はまったくされない。

逆日歩　信用取引にかかる諸費用のひとつ。株を借りて空売りする人が増えて株不足になったときにしばしば発生する。その銘柄を空売りしている人が払い、信用買いしている人が受け取る。株不足がひどくなればなるほど高くなるので、空売りをする場合は常に注意する必要がある。逆に、逆日歩が高くなりそうな銘柄を先回りで信用買いするという戦術もある。

Point 5

データ検証&収集のソフトとツール

データはYahoo!ファイナンスで、プログラムはフリーソフト「Ruby」を用いて自ら作成。時間の投資こそ必要だが、費用の投資はそれほど必要ではないのだ。

システムトレードを有効に行うためには、コンピュータをフル活用しなければならない。

データ収集、検証、日々のシグナル生成の3つの部分について、それぞれソフトウエアを使う。シグナル生成は手作業でもできるが、あとの2つにはやはり何らかのソフトが必要だろう。

株価データの収集には、フリーソフトを活用することができる。オンラインソフトの配布サイトにアクセスして〝株価　ダウンロード〟とでも検索すれば、たくさん見つかる。

問題は検証ソフトだ。オンラインソフトや市販のソフトでやるという手ももちろんある。だが、オレは自由度や費用の問題で、イチから自作することにした。

自作のためのプログラミング言語の選択にあたっては、当初C++なども考えたが、以前パチンコのシミュレーションをしたときにシュールなバグに悩まされたので、書きやすいＲｕｂｙにした。

Ｒｕｂｙは、オブジェクト指向という大きな特徴を持つ。オブジェクト指向とは、ごく簡単に言えば、機能を部品として扱うプログラミングだ。まさに、ルールをパーツとして扱うシステムトレードにうってつけだ。Ｃ＋＋やＪＡＶＡなど、ほかのオブジェクト指向言語に比べて、Ｒｕｂｙはより純粋なオブジェクト指向言語だ。

ただし、Ｒｕｂｙは遅い。大量の計算を要するシミュレーションには向かないとされている。それでも、マシンパワーと開発効率の良さで十分補えると考える。

また、取引記録や検証結果の分析のためにエクセルなどの表計算ソフトもぜひとも欲しい。なんなら検証作業もできる。持ってなければ買っても損はない。

プログラミングの学習には苦痛が伴うという人もいるが、オレは最初からハマることができた。いきなり高みを目指さずに、ちょっとずつ階段を上っていくことが大事だ。

もちろん金という大きな動機づけがあったればこそだが。

オブジェクト指向言語「Ｒｕｂｙ」とは？

Ｒｕｂｙとは、まつもとひろゆき氏によって開発された、いわゆるコンピュータ言語だ。ネット上でフリーにダウンロードできるフリーソフトである。

Ｒｕｂｙは、パーツの組み換えが多くなるシステムトレードのシステムをプログラムするのに、かなり使い勝手が良い。また、ＷｉｎｄｏｗｓでもＭａｃでもＬｉｎｕｘでも使えるなど、動作環境も広く、プログラム初心者でも扱いやすいのだ。

Ｒｕｂｙの特長

●移植性が高い（Ｗｉｎｄｏｗｓ・Ｍａｃ・Ｌｉｎｕｘなど）
●文法がシンプルで初心者向き
●ＨＴＭＬ形式のデータの吸い上げにも向いている
●パーツの付け替え・組み替えがしやすい

システムトレードにおいて最も重要となる「ルールの検証作業」も、Ｒｕｂｙによっ

専門用語もなんのその

今は相場の本よりもプログラミングの本を読む!!
オブジェクト指向だ!! デザインパターンだ!!
ゼロからのプログラム設計

て書いたプログラムで行われる。

　2つのシステムをプログラム化し、そこに株価データを流し込み、そのルールの有効性やパフォーマンスを徹底的に検証する。

　検証作業では、複数のルールを組み合わせたり、はずしたりと組み換えが多くなる。しかし、Ｒｕｂｙはオブジェクト指向にのっとったプログラムが容易に書けるので、ルールをパーツに見立てて、それを取り替えるような感覚でプログラミングしやすい。システムトレードのルール検証に向いている。

　リストアップされた銘柄（60～70程度）の日々の株価データの更新は、これもＲｕｂｙで書かれたデータ吸い上げプログラムによって行う。

　データは、Ｙａｈｏｏ！ファイナンスの時系列データからもらう。このデータは過去の株価（始値・終値・高値・安値・出来高）がテキスト化されているもので、手間はかかるがエクセルなどでもデータ分析を行うことができる。

Ｒｕｂｙはこういったテキストデータの吸い上げにも適していて、数十銘柄程度の日々のデータの更新なら、ものの数分もあればこなしてしまう。

Ｒｕｂｙプログラムによって出力されたシミュレーション結果はＥｘｃｅｌなどの表計算ソフトの並べ替え機能などを使用してリストアップする。

基本的にはパフォーマンスの高い銘柄を採用するが、出来高の少ない銘柄は場中に板などを見て「目視」でリストからはずすこともある。

さまざまな利点のあるＲｕｂｙだが、欠点をひとつ挙げるとするなら「遅い」ことだ（最新のｖｅｒ１・９では、だいぶ速くなったらしいが）。

データの量も膨大で、ルールの検証にはかなり時間がかかる。一度、システムを確立してしまえば、そう頻繁に検証する必要はないが、市場の変化に対応できるかチェックするためにも、定期的な検証が望ましい。

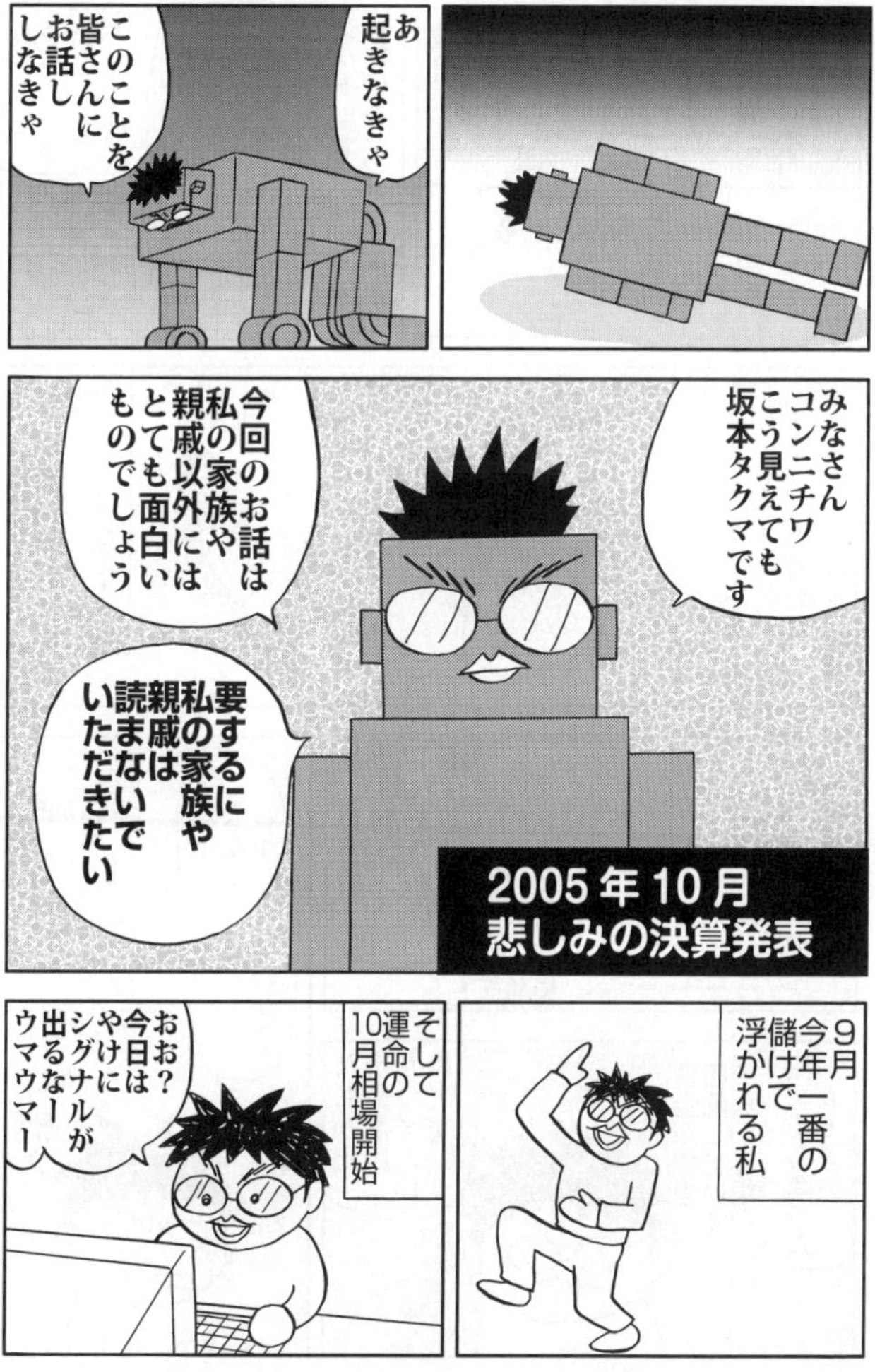
あ
起きなきゃ
このことを皆さんにお話ししなきゃ
みなさんコンニチワ
こう見えても坂本タクマです
今回のお話は私の家族や親戚以外にはとても面白いものでしょう
要するに私の家族や親戚は読まないでいただきたい
2005年10月
悲しみの決算発表
9月
今年一番の儲けで浮かれる私
そして運命の10月相場開始
おお？
今日はやけにシグナルが出るなーウマウマー

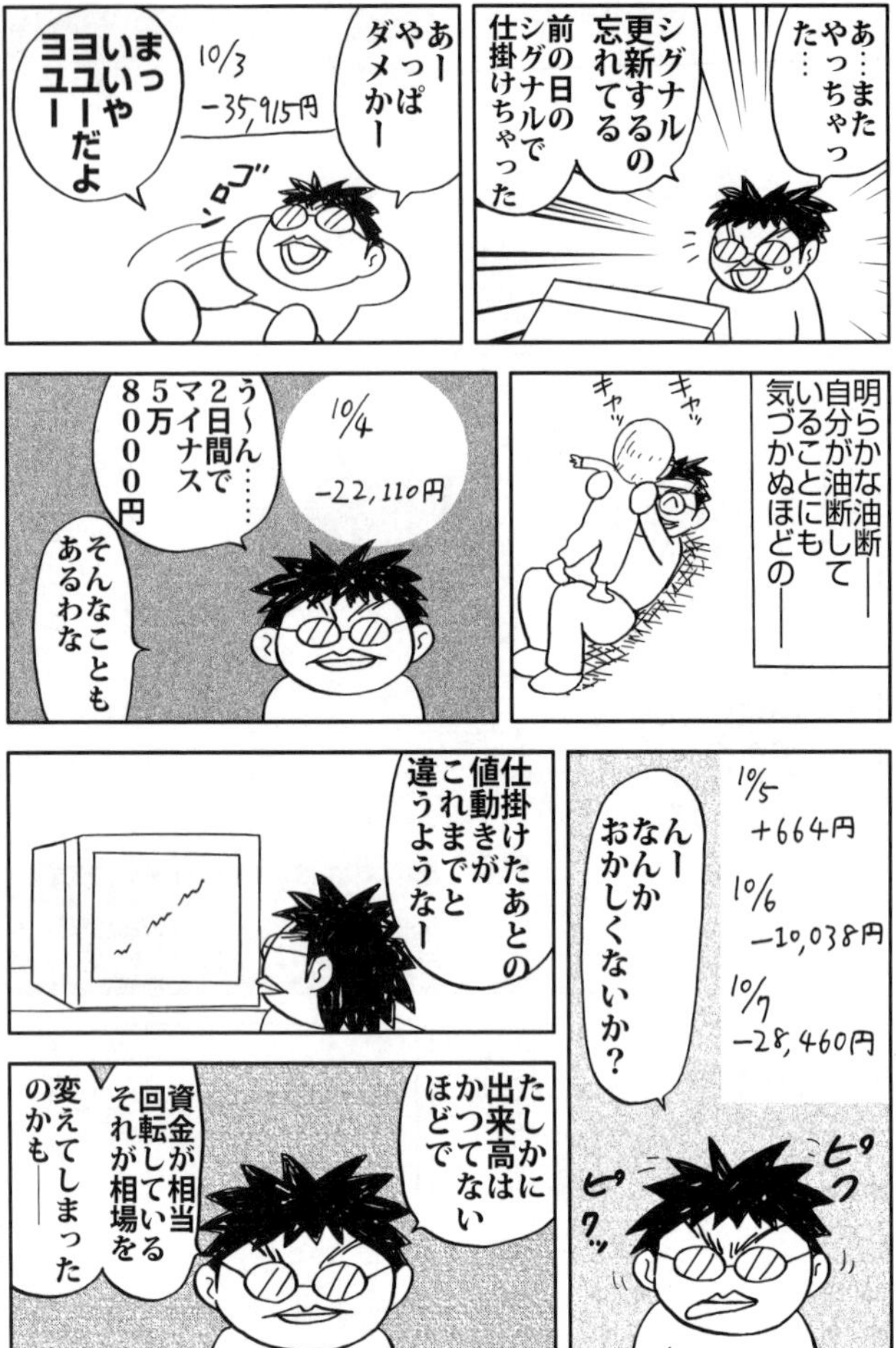

あ…また やっちゃった…
シグナル更新するの忘れてる
前の日のシグナルで仕掛けちゃった
あーやっぱダメかー
10/3 −35,915円
ゴロン
まっいいや ヨユーだよ ヨユー
明らかな油断―― 自分が油断していることにも気づかぬほどの――
キャッ キャッ
10/4 −22,110円
う〜ん…… 2日間でマイナス5万8000円
そんなこともあるわな
10/5 +664円
10/6 −10,038円
10/7 −28,460円
んー なんか おかしくないか？
ピク ピクッ
仕掛けたあとの値動きがこれまでと違うようなー
たしかに出来高はかつてないほどで
資金が相当回転しているそれが相場を変えてしまったのかも――

って考えすぎだろ
ごろーん
そのうち元に戻るだろ
10/11 +5,483円
10/12 −15,139円
えー？月収支マイナス10万越えたぞ？さすがにヤバいんじゃ…
いやいや…この程度のハマリはよくある
オレのシステムが機能しなくなったわけではないはず
あらゆるギャンブルにこういう時期はつきものだ
パチンコでさんざん経験している
ハマリ
システム売買で一番難しいのは「システムを使い続けること」というが
これしきのつまずきでは到底捨てる気にはならん
10/13 +4,643円
10/14 +5,587円
10/17 −8,263円
10/18 −3,309円
10/19 +10,302円
ほ～らねちょっと盛り返してきたでしょ
盛り返してるかぁ？

今日あたりから大きく取り戻す!!
行けオラァ!!
えー!? もう損切りの値段!?
ちょっと早すぎるよ!!
こんなハズはねーんだよ
こんなハズは…
もうちょっとだけ…
もうちょっとだけこのポジション持っててみるか…
いやいやいかんいかん!!
損切りになったらなにがなんでも損切り!! そうしないとシステムの意味がなくなる!!
でも少しだけ予定の損切りの値段よりも有利なところに指値
これくらいなら戻すよね
注文画面
ポチ
ちょっともど…あれおい
あーーっ
10/20 -48,370円
月収支マイナス14万円 先月のプラスをすべてお返し… もうなんだか分からない…

ハイ シグナル出マシタ
ハイ 損切リデス
ハイマタ 損切リデス
以後 シグナルどおりに売買し 機械的に自動的に損していく
月収支マイナス20万ヲ越エマシタ
月収支マイナス20万ヲ越エマシタ
と こんなふうに自分が犯したいくつかのミスと システムがマーケットに逆をつかれたのが重なって
とんでもないことになりました
もちろん システムの不備よりも 自分のミスのほうがはるかに影響が大きい
慌てて新システムの開発に着手してみるが
間に合うはずもなく
やはり利益が出ている間にも怠りなく研究し続けなければならない
相場の変化に適応するために
これで坂本タクマ3年目の株式取引が終了
決算を発表する

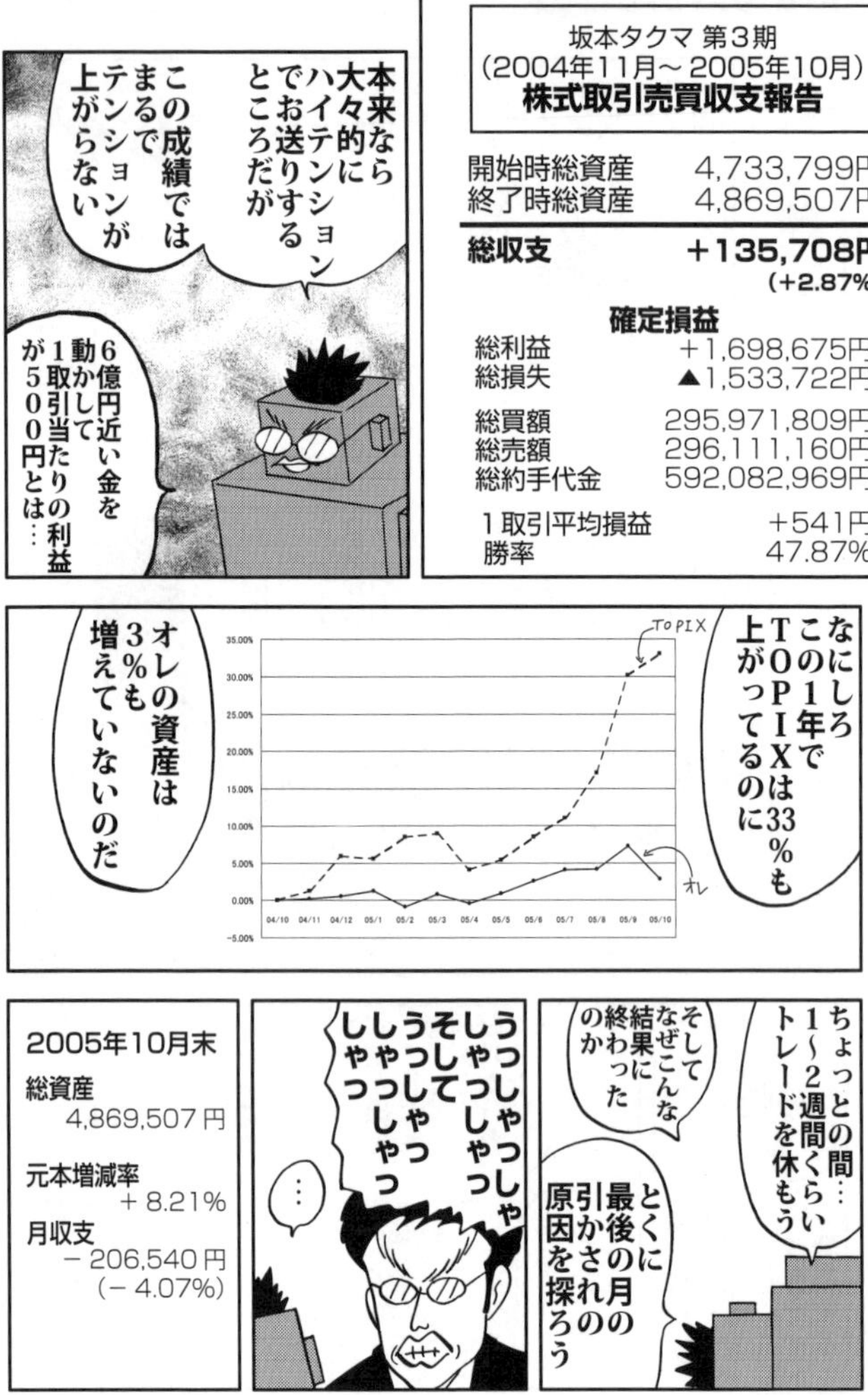
坂本タクマ 第3期
(2004年11月～2005年10月)
株式取引売買収支報告
開始時総資産 4,733,799円
終了時総資産 4,869,507円
総収支 +135,708円 (+2.87%)
確定損益
総利益 +1,698,675円
総損失 ▲1,533,722円
総買額 295,971,809円
総売額 296,111,160円
総約手代金 592,082,969円
1取引平均損益 +541円
勝率 47.87%
本来なら大々的にハイテンションでお送りするところだが
この成績ではまるでテンションが上がらない
6億円近い金を動かして1取引当たりの利益が500円とは…
なにしろこの1年でTOPIXは33%も上がってるのに
TOPIX
オレ
オレの資産は3%も増えていないのだ
ちょっとの間…1～2週間くらいトレードを休もう
そしてなぜこんな結果に終わったのか
とくに最後の月の引かされの原因を探ろう
うっしゃっしゃっしゃっしゃっしゃっ
そしてうっしゃっしゃっしゃっしゃっ
…
2005年10月末
総資産 4,869,507円
元本増減率 ＋8.21%
月収支 －206,540円 (－4.07%)

2005年10月の日経平均と主な出来事

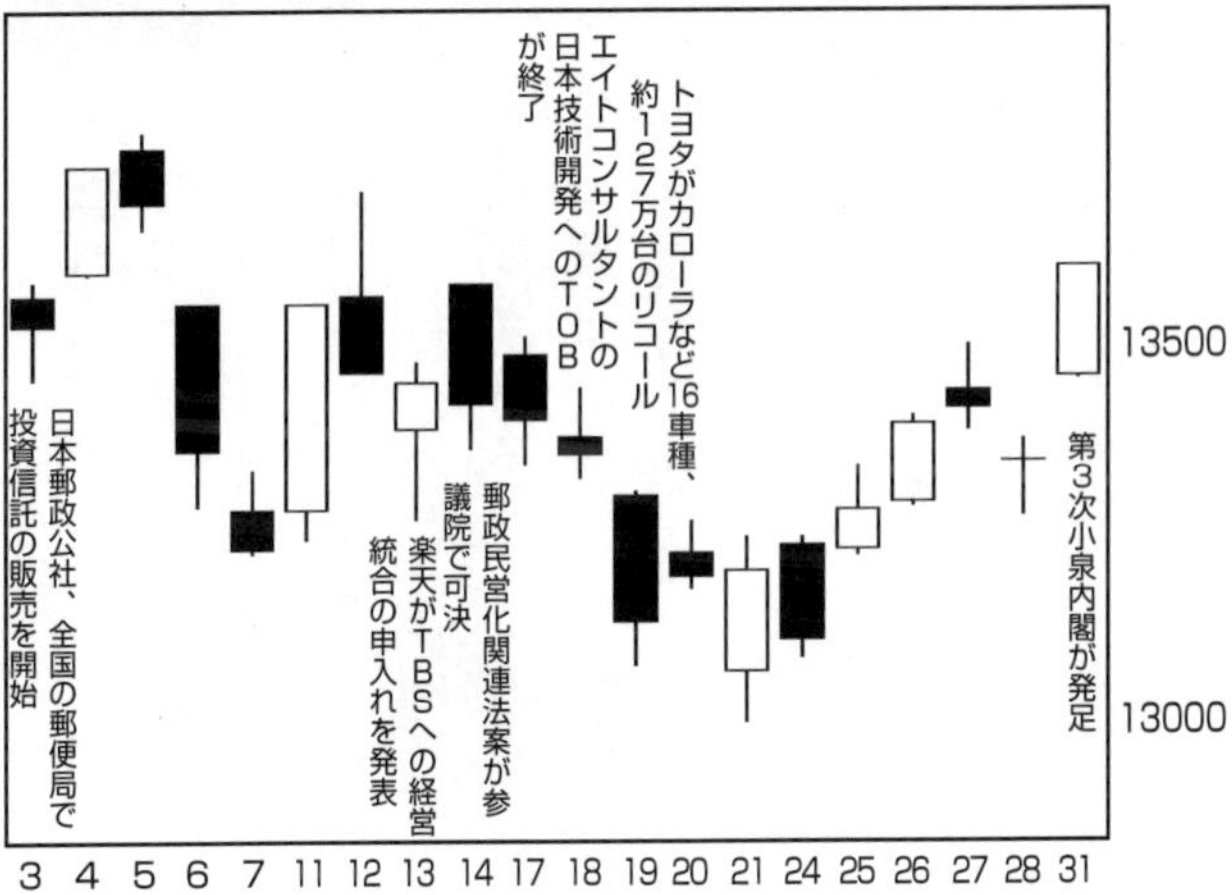

ハマリ　パチンコ、パチスロ用語。前回の大当たりからプレイ時間（デジパチならデジタルの回転数、羽根モノなら羽根の開閉回数、パチスロならゲーム数で判断するのが一般的）が一定以上経過しているにも関わらず、大当たりを引けない状態を指す。例えば「1000回ハマリ」などと言う。「ハマリ＝大負け」につながることがほとんど。

ポジション　持高を表す相場用語。株の場合は、どの銘柄を、いくらで、何株、買い持ちしている、あるいは空売りしているという情報を含む。買い持ちのことを「ロングポジション」、空売りのことを「ショートポジション」という。新規に取引する場合は「ポジションを持つ」「ポジションを建てる」などという。手仕舞うときは「ポジションを切る」「ポジションを閉じる」など。（例）「トヨタ株の1000株のロングポジションを持っている」

ロクデナシ日記

決算の後は…

決算の後は、来期の計画を発表せねばなるまい。

「計画といっても、相場がどうなるかによって取引の結果も異なるのだから、計画の立てようがないのではないか」と思った人は勝ち組にはなれまい。どんな相場になろうとも、一貫して利益を上げられるのが真の「成功したトレーダー」なのだ。

つまり、そういう手法を確立することがこの1年の計画ということになる。今までやってきたあいまいなやり方では、一貫した利益などとてもおぼつかない。

例えば、本で読んだ有望そうな手法について、過去データを使って徹底的に検証する。検証結果について、都合の良い解釈をせずに厳しく判断して、脈がありそうなら実際に運用してみる。

始めはごく小規模に賭ける。修正すべき点は修正する。自分のものになってきたら、本格的に使い始める。

運用にあたっては、自分で決めたルールに厳格に従う。例外は認めない。ルール変更は、データを十分検討したうえで、国民の3分の2以上の賛成が得られた場合にのみ行う。そうでもしないと場中にルールを変えたりしかねない。

なかでも、損切りと利食いに関する部分には特に重点をおく。仕掛けの失敗よりも、手仕舞いの失敗こそが破滅に導くのだ。パチンコ・パチスロのヤメどき以上に重要だ。

実は今、この検証作業に熱中している。ちょうど、パチンコで年間収支がマイナスに終わったときに、コンピュータでシミュレーションを繰り返して立ち回りを研究し「2000回打法（1日にとにかく2000回回す）」を考案したときと似ている。あのときの見事な復活劇を、今回も演じてみせる。

ところで、もし儲かる手法が見つかったとしても、残念ながらその詳細についてすぐには発表できない。ひとつには過去のデータでうまくいっても将来も同じことが起きるとはかぎらないからだ。

しかし真の理由は、もし本当にうまくいくとして、真似する人が増えればそのやり方では儲からなくなってしまうからだ。お腹いっぱいになったら発表してもいい。それにはおそらく1000年近くかかるだろう。

坂本タクマのルーティンワーク

所要時間 数分	Yahoo! ファイナンスからその日の株価を収集し、シグナルの生成を行う
所要時間 約 30 分	翌日にシグナルが出そうな銘柄に取引ページでアラームを仕込む
所要時間 数十分	その日の取引を振り返り、資産状況を記録・分析する

日々のデータ収集＆分析は１時間もあれば十分 !!
日常の作業は大体この程度。手作業で行う取引ページにアラームを仕込む部分にやや手間がかかるが、それでも 30 分程度の作業だ。

通常時は、システムでのパフォーマンスが高い銘柄（業種はリスクをヘッジするためさまざま）を常時60～70ほどリストアップしている。そのなかで取引を行う。

銘柄の入れ替えはたまに行う程度でルーティンの作業ではない。

ザラ場が引けてから行う翌日の準備は、リスト銘柄のデータ更新とその分析が主だ。

名波さん坂本さんの漫画って読んでますか？
読んでますよー
この地合でなんですかこのショボイ成績は!!
もっと思いっきりいかなきゃダメですよ!!
ばんっ
――と元証券営業マンの名波さんはおっしゃってますが
僕なりにせいいっぱいいった結果が先月のマイナス20万円ですが
2005年11月
改めて結論
それを受けて11月に入って2週間ほど取引を休んでいた
相場の上昇を横目で見ながら
システムの再検証をしていたのだ
そらあつらかった
みんなが楽しい遠足に行ってるあいだ自分はカゼで寝てなきゃならないみたいな

11月1日 朝8時半
あれ？寄り前の板が出ないぞ
おーーーい どうした!?
臨時ニュースです
ばん
ばん
東証がシステムダウンのため取引開始が遅れます
なに〜〜!?
ってオレは取引休んでるからいいけど
東証取引開始は午後1時30分です
んなに〜〜!?
おーはじまった!!
シグナル出た!! いけーーー!!
休んでんじゃないの
こんな機会はめったにないから
記念に参加してみた
11/1 +482円
さてと……
研究を開始するか
ずいぶん嫌々だな

そらそうだよ
オレのシステムのどこが悪かったか
なんであんなに負けたのか
そういうことを検証するとってもキッツい作業だからな
そして改良の余地があれば改良する
より堅牢なシステムへと発展させるのだ
まずはオレのシステムのここ半年間の東証全銘柄での成績を調べてみる
カチャ
カチャ
今までのデータは半年前までの古いものだった
ああっとお!?
もう!!おっきな声ださないで!!
今使ってるシステムは2つともここ半年間のパフォーマンスが低下してる
特に勝ち銘柄の割合がかなり悪い…
勝ち銘柄の割合
1983.1～2005.3
2005.4～2005.10
システム1　94%　69%
システム2　86%　47%
ということは…
オレのシステムはもはや機能しなくなったのか!?
こりゃあ早急に改良を加えねば!!
この条件を加えると…全然ダメだ!!
カタ
カタ
カタ
カタ
こっちを足してこっちを引いて
わ～～!!

ぐったり
あ〜〜…もうなんだか分かんね…
ん？
待てよ
もとの検証期間は22年あまり
新しい分はたった半年
22年＞半年
このサンプル数の圧倒的な差が原因なのでは…
やっぱり!!!
んぎゃあああああ
うるさい!!
22年間のデータのうちの「ある半年」を抜き出してみれば
この半年と同じようなしょぼい成績になることがある
つまり「短期間に限れば成績が悪くなることもある」のだ
分かった!!結論!!
システムは大丈夫!!生涯10億円路線に変更なし!!売買ルールは何にも変えずにいく!!
ばんっ

ただし銘柄のウォッチリストは大幅に入れ替える
「ある半年の成績が良かった銘柄は次の半年も良い」という傾向があるからだ
よーしよしよし!! すべて理詰めで解決したぞ!!
これで再び自信を持って相場に入っていける!!
11月15日 取引再開
−7,267円
大丈夫大丈夫あんだけ検証したんだから
11/16 +15,933円
11/17 −990円
11/18 +2,947円
よーし徐々に来てる
11月21日
おー今日はシグナルがいっぱい出るなー
ピコンピコンピコン
うーん意外と伸びないな
こういうとき早めに手仕舞ったほうがよいというデータがあったような
11/21 +24,880円
うんあったあったたしかにあった!
後日
お?

あ――――!!
約6万円
あのとき
手仕舞わなきゃ
あと6万円
利益を上乗せ
できてた!!
あーくそ
もったいない
だん
だん
あーくそ
もったいない!!
もー
分かった
今度こそ
分かった
絶対に
何がなんでも
決めたルール
どおりに
取引する!!
絶対に
なにが
なんでも!!
ねえ
洗濯物
干す間
だっこ
してて
あ?
うん
きゃっ
きゃっ
あ――
買い
シグナル
のがした!
2005年11月末
総資産
4,983,056円
元本増減率
＋10.73%
月収支
＋113,549円
(＋2.33%)

2005年11月の日経平均と主な出来事

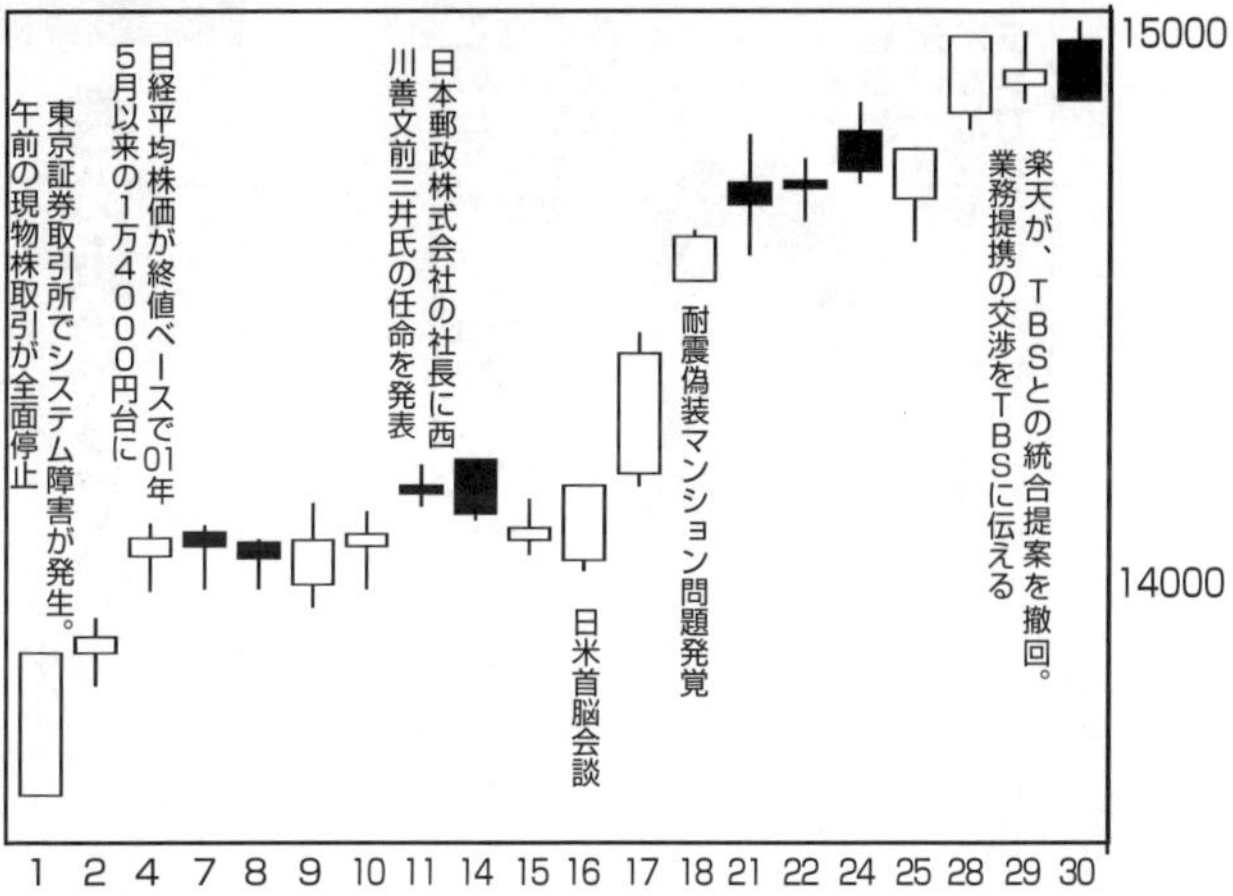
15000
14000
東京証券取引所でシステム障害が発生。
午前の現物株取引が全面停止
日経平均株価が終値ベースで01年5月以来の1万4000円台に
日本郵政株式会社の社長に西川善文前三井氏の任命を発表
日米首脳会談
耐震偽装マンション問題発覚
楽天が、TBSとの統合提案を撤回。
業務提携の交渉をTBSに伝える
1 2 4 7 8 9 10 11 14 15 16 17 18 21 22 24 25 28 29 30

地合（じあい）　相場の状況や雰囲気のこと。これから先、上昇しそうな場合は「地合が良い」、下落しそうな場合は「地合が悪い」などという。また、下落しそうなのに下落しない場合を「地合が強い」などという。

東証　東京証券取引所。「世界三大市場」のひとつとして世界経済の中枢の一角を担っている。ただし、2009年には上海証券取引所に年間ベースの売買代金で抜かれた。

2010年1月4日、次世代株式売買システムとして「アローヘッド」を導入。注文応答時間が5ミリ秒、情報配信時間が3ミリ秒という高速性が特徴。これまで注文してから約定するまでに3秒かかっていたところ、30－40ミリ秒と約100分の1に短縮された。人間がまばたきする間に、20回の取引が行われるイメージという。

ロクデナシ日記

言い訳ではない

元証券営業マン名波氏語る

上昇相場のなか、オレの成績がしょぼいことに関して「へっ」と思っている読者も多いことだろう。この成績を見たら名波氏ならずとも「けっ」と思わずにはおれまい。しかし、オレにも言いたいことがある。

まず、オレの取引の最優先事項は「年間トータルでマイナスにならないこと」なのだ。

プラスの期待値を持つシステムを使う場合、1回の取引で取るリスクが小さいほどトータルでプラスになる確率が上がる。それはもう数学的にそういうことに決まっているのだ。

このショボイ成績

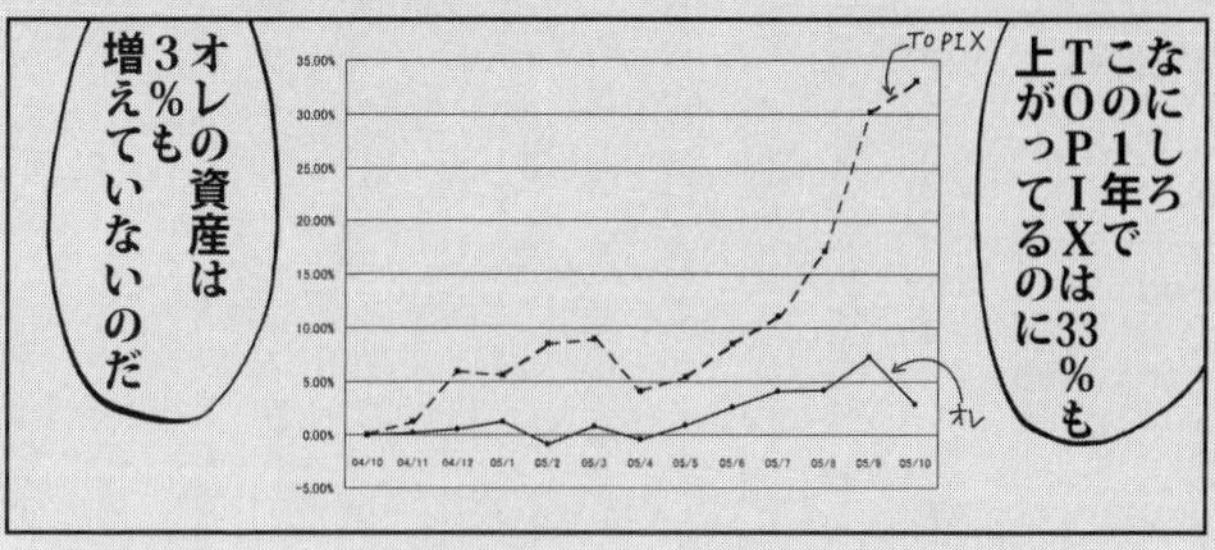

だから、リスクを抑えることによって、すなわち資金量に比べて少ない株数で入っていくことによって、トータルプラスで終わろうというちゃんとした立派な戦略なのだ。

その次の優先事項は、「月収支をプラスにする」ということだ。これもリスクを小さく抑えることが重要だ。また、短期売買に徹するのもこのためだ。取引回数を多くして安定化を図る。羽根モノを打つ考え方だ。

大きな利益を上げるというのはその次の目標だ。

そのためには、今使っている2つのシステムで例えば今の2倍の株数を売買するという手もある。しかしそれはオレの好みではない。もういくつかシステムを増やし、そのうえで取るリスクをやや増やす、というほうが手堅い。取引手法の分散だ。すべての手法がいっぺんにダメになるということは考えにくいので安心だ。

4年目に入ったオレの株取引だが、オレ的今年度の目標は、以上のようなことから、「システムを2つ増やす」ということにする。具体的な収支目標を立てないと編集者にどやされるが、十分達成可能な目標を選んだ。良いシステムができれば、収支はおのずとついてくる。任せておくがいい。

またあの、マンションの耐震強度を計算する以上に大変な検証作業を一からやるのかと思うとうんざりするが、すべては金のためだ（2005年11月にマンションの耐震偽装問題が発覚）。

言っておくが、この地合でも負けている人はかなりいる。そんななか、曲がりなりにもプラス収支を維持しているのだから誰にも文句は言わせない。オレがオレの金でやっているのだから。

世の中的には年末だが
オレの株取引4年目ははじまったばかり
特にこの12月は
初めて全力でシステム売買をする月なのだ!!
2005年12月
初・全力システム売買
といいますと?
今まで全力じゃなかったと?
まぁな
実を言えば今まですべての資金を取引に使ってはいなかった
Not Active
Active

システムが1つのときは全体の3分の2を使い残りの金は休ませていた
システム1用
システム2用
システムが2つになってから残りの3分の1の金のうちのさらにほんの一部しか使ってなかった
そ・れ・を!!
今月からはいよいよババーンとデカく張ることに!!
はいバ――ン!!
ババババーン!!
むむ?今までとあまり変わっていないようにお見受けするが
ニュアンスの問題だよ
専門的に見れば1回当たりにとるリスクが若干増えている
なんかつまんなーい
全力っていうからには信用限度まで目いっぱいいくのかと思った
そんなことしたら破産→一家離散だろーが!!
ビビリ
あービビリでけっこう!!

12/1 −10,554円
12/2 +14,979円
12/5 +10,980円
12/6 +6,473円
12/7 +8,896円
こんなふうに平和に地道に増えればそれでいいのさ
12月8日「ジェイコム事件」の日
やばいなー売りポジション持ってる銘柄が爆上げして寄り付きそうな気配だ
9時10分を過ぎても寄らないで気配値を切り上げている…
212
7500 2120
前25100 2115
2110 121100前
2105 2100
2100 11500
別に上げるような材料も出てないよなー
なんだろうなー
あっ寄り付いた!!
+200
はっ
げぇ!! 200円の上げ!? このまま損切ったら前日比4万のマイナスだ!!
本日マザーズに上場のジェイコム株で誤発注があったもよう――
さっきからなんか言ってるけどこっちはそれどころじゃねぇよ
待てよ…オレのやってるこの株…ジェイコムとやらとは何の関係もない株だが…
これってどっかの誰かが何か間違ってこうなったのかも…
だとしたら……

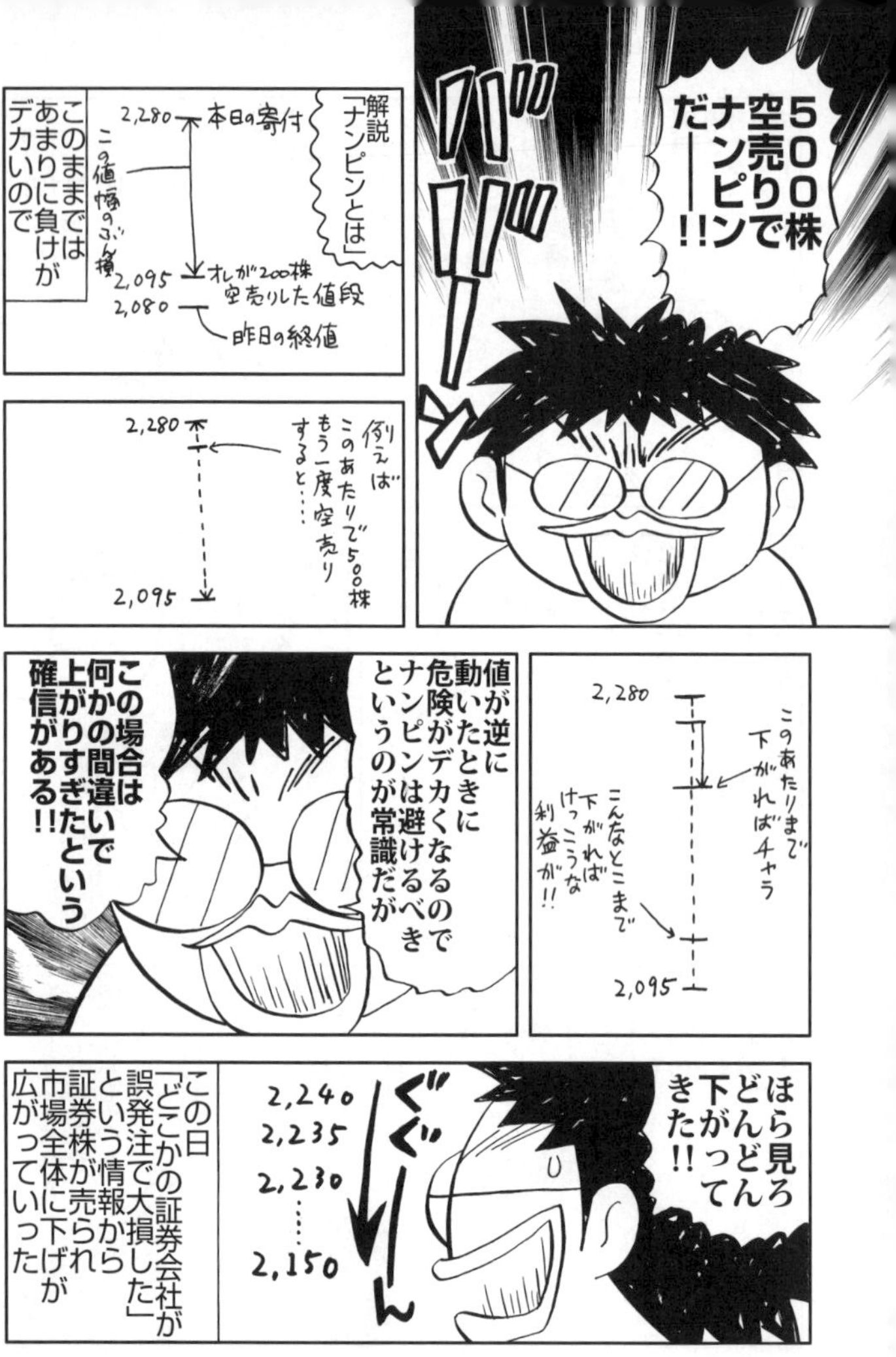
500株空売りでナンピンだ——!!
解説「ナンピンとは」
2,280 本日の寄付
この値幅のぶん損
2,095 オレが200株空売りした値段
2,080 昨日の終値
このままではあまりに負けがデカいので
例えば このあたりで500株もう一度空売りすると・・・
2,280
2,095
2,280
このあたりまで下がればチャラ
こんなとこまで下がればけっこうな利益が!!
2,095
値が逆に動いたときに危険がデカくなるのでナンピンは避けるべきというのが常識だが
この場合は何かの間違いで上がりすぎたという確信がある!!
ほら見ろどんどん下がってきた!!
ぐぐーん
2,240
2,235
2,230
2,150
この日「どこかの証券会社が誤発注で大損した」という情報から証券株が売られ市場全体に下げが広がっていった

たん——!!
12/8
+45,060円
どっかのアンポンタン証券社員の人ありがとー!!
みずほ証券が1株61万円と入力すべきところを61万株1円と入力したため損失は数百億円とみられ——
えーあれってこんな大ごとになってたのか
ひゃー20億円!?
しんぶん
みずほ誤発注で
27歳男性 20億円の利益
ねえ!! 買ったの!? ジェイコブかぶ!!
ぎん
ジェイコムだよ
買ってないよそれどころじゃなかったんだ
なんか友だちからおたくのダンナジェイコブかぶで大もうけしたんじゃないかってガンガン言われるんだけど!?
してないって
こんにちはージェイコム株買いました?
いえ買いません
話かわるけどジェイコム…
買ってないから!!

うっしゃっしゃっ
ジェイコム株で
大儲けしたん
ですよね!?
うっしゃっしゃっしゃっ
そろそろおいでになるころだろうと思ってました
いいかソボガよ
何度も言ってるようにオレはシステムに厳密に従うのだ
そんな不規則な取引はしないのだよ
あのナンピンは?
なっあっあれはその例外というか……
つまり目先の損失をとりつくろうのに忙しくて大きなチャンスを逃したわけですね?
うっしゃっしゃっしゃっ
そのとおり
そうなの!?
んなっんなっ
お前ら何言ってんだ!!
月後半もうまくいって12月は過去最高益をあげたんだ!!
15勝5敗1分けという素晴らしい成績だったんだよ!!
それで十分じゃないか!!
ふ～んよかったね
おめでとうございます
んなー
なんだよも——!!
2005年12月末
総資産
5,182,834円
元本増減率
＋15.17%
月収支
＋199,778円
(＋4.01%)

2005年12月の日経平均と主な出来事

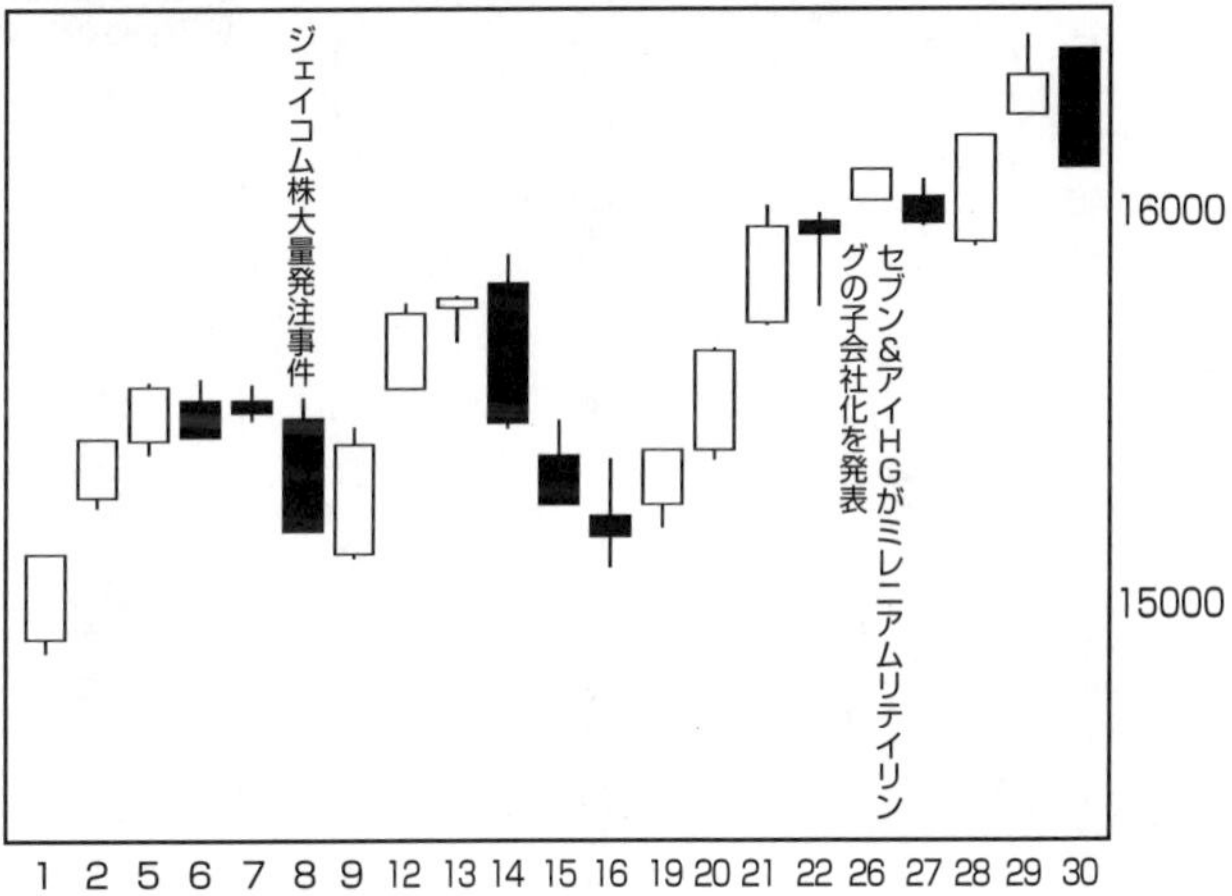

信用限度　信用取引では「借金」によって自分の資金以上の金を動かすことができるが、限度額もある。通常、資金の3倍程度としている証券会社が多い。

ジェイコム株大量発注事件　2005年12月8日、みずほ証券が、新規上場したジェイコム（現ジェイコムホールディングス）株の売買注文を誤入力した事件。担当者は注文を出してから1分25秒後に誤りに気づき注文の取消作業をしたが、東証のシステムが受け付けなかったため、直接電話連絡して取消を依頼。しかし、明らかに異常な注文であるにも関わらず、東証はすぐに取消を行わなかった。みずほ証券の最終的な損失は400億円以上とも言われている。

ナンピン　買い増し、売り増しによって平均建値を有利に導く手法。売り玉を建てたあと、値段が上がったら売り玉を増やし、平均建値を上げる。無計画にやると危険。

ロクデナシ日記

みずほ証券誤発注事件

2005年12月8日に起きた、みずほ証券による誤発注事件。これについては、株をやっている者なら全員、何か言いたいことがあるだろう。

①誤発注が約定したあと、なぜ強制決済によってみずほの損失は限定されたのか

誤発注による損失など、オレも何回もやっている。やったことのないトレーダーはいないだろう。そういった失敗を誰かが取り消してくれたら、どれだけありがたいか。

本来なら、みずほ証券は自分で売った「空売り」状態の株を自力で買い戻すべきだった。ただし、そうすると、超品薄のジェイコム株は連日ストップ高になり、数百億円どころか兆単位の損失が出る可能性もあった。

発注ミス、操作ミスはよくあること

②ほかの証券会社が誤発注を利用してばく大な利益を上げたことに対して、金融相が「美しい話ではない」と批判していたが、彼は相場を分かっていない

相場は美しさを競う場所ではない。フィギュアスケートのリンクではないのだ。美しい相場などあり得ない。学者や評論家がどんなに高尚なことを言おうと、つまるところ相場は金を取り合う場所でしかない。

③儲けた証券会社は、利益を返すな!!

お上に睨まれるのが怖いのか、どの会社も返す返すと急に言い出す。市場での正当な取引で得た利益をなぜ返す必要があるのか。それで「美しい」つもりなのか。それでは言わせてもらうが、あんたらは普段、トレーディング部門という名のかっぱぎ部隊で素人をさんざん食い物にしているのではないのか。そうやって個人投資家からむしり取った金をこそ、返せばいいではないか。そのほうがよほど美しい。オレたちがどんな注文ミスをしてもけっして許してくれないくせに、玄人中の玄人のミスならば許すというのか。

④みずほ証券に同情的な意見を言ったヤツら、いっぺん自分で株をやってみろ。「約定」がどれほど厳正なものか、体感してみるがいい

結局一番に言いたいことは、自分の取引で手いっぱいになっていなければオレもジェイコム株で儲けられたのに!!　ということだ。

タクマ vsTOPIX 増減比較（2005年1月～2005年12月）

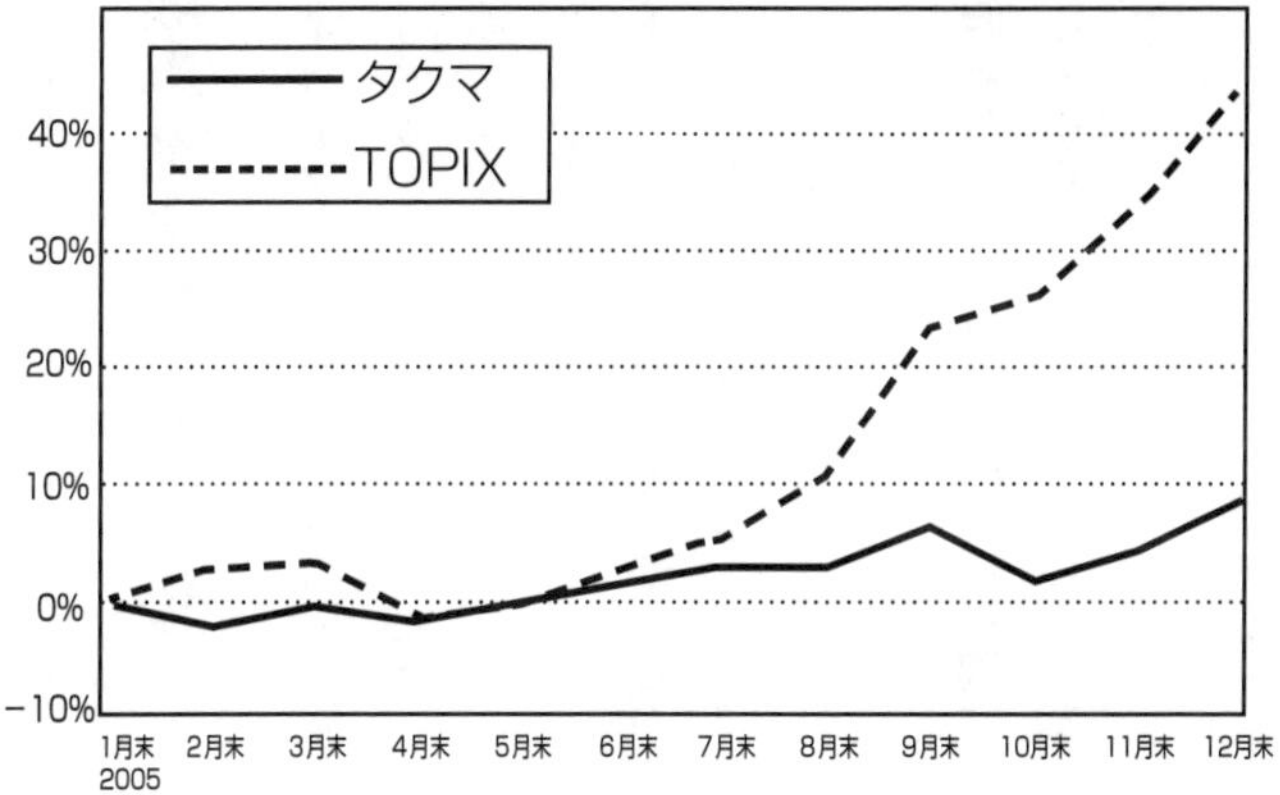

日付	元金	合計	元金増減額	前月比	月騰落率
2005年1月	450万円	4,792,185	292,185	32,510	0.68%
2月末	450万円	4,694,447	194,447	-97,738	-2.04%
3月末	450万円	4,771,187	271,187	76,740	1.63%
4月末	450万円	4,712,090	212,090	-59,097	-1.24%
5月末	450万円	4,778,560	278,560	66,470	1.41%
6月末	450万円	4,855,827	355,827	77,267	1.62%
7月末	450万円	4,928,249	428,249	72,422	1.49%
8月末	450万円	4,930,129	430,129	1,880	0.04%
9月末	450万円	5,076,047	576,047	145,918	2.96%
10月末	450万円	4,869,507	369,507	-206,540	-4.07%
11月末	450万円	4,983,056	483,056	113,549	2.33%
12月末	450万円	5,182,834	682,834	199,778	4.01%

坂本タクマの金言集

●マネーマネジメントでプロに肉薄!!

プロがやっていることで初心者でもすぐに真似できるのが、損失限定ルールだ。今からすぐ、実践しよう!!

●ときどき裏切られても、やっぱりトレンドは友達

トレンドに逆らうよりも、味方につけたほうがずっと得。ただし、いつ転換してもいいように損切りの準備は常にしておくこと。

●空売りがなければ、半分裸も同然!!

せっかくやっていいことになってるんだから、空売りもやったほうが絶対いい。ただしリスク管理は怠りなく。

●ギャンブルの勝ち方の根っこはひとつ!!

確率の問題と自己管理の問題。突き詰めればどんな種目でもそこに行きつく。だからパチンコで勝てれば株でも勝てる!!

●システムトレードはテクニカル分析の延長

無から有を作り出すことはできない。先人たちが作り出した優れた手法を学び、引き出しを増やしておけばきっと役に立つ。

●システムトレーダーは白鳥

一見華麗なシステムトレーダーだが、水面下では大変な努力をしている。逆に言えば、もがくのは水面下だけで、場中は涼しい顔をしていられる。

●ショックを受けるのは自分以外の人々に任せる!!

市場に大きなインパクトを与える出来事は、これからも起き続ける。損切りを確実に実行し、冷静に対処すれば必ず切り抜けられる。

●煙が出るほどパソコンを使い倒せ!!

自作の検証ソフトで得られる安心感、納得感はデカい。ＩＴ技術者になる、ぐらいの気合で学んでいきたい。

●システムを作るのも使うのも人間

システムトレードは自動売買などとも呼ばれるが、自動車や自動ドアと同様、使い方次第ではケガもするのだ。

第2部 難局を乗り切る

難局を乗り越えたことで自信が確信へと変わる

2005年の秋から年末にかけて、相場は上げを加速していった。「空前の株ブーム」を連日マスコミが報じた。週刊誌では毎号株特集が組まれ、袋とじといったら推奨銘柄一覧かほしのあきか、といった状況だった。

デイトレーダーをはじめ、「株で儲けた人々」がもてはやされた。特に、みずほ証券によるジェイコム株の誤発注に乗じて27億円儲けた青年が話題を集めた。

2006年中にも日経平均2万円突破があるのでは、とアナリストたちが予想するなか、それは起きた。

ライブドアショックと村上ショック。それに挟まれた5月の崩落。その過程で、これまでの利益を全部失い、さらに借金までできた人が少なからずいると聞く。手のひらを返したように、「株などやってはいけない」という空気が世間に広がった。

この難局をオレとオレのシステムはいかに乗り切ったか――。

オレはホリエモンに
勝ったぞ――――!!
2006年1月
ライブドアショック
2006年1月「ライブドアショック」によって市場は大混乱に陥った
オレはこの混乱でもほぼ無キズ!!
勝ち組だ――!!
というわけで今回は
オレがいかにこの波乱の1月を乗り切ったか検証してみよう

年初からスタートダッシュとはいかんかったが資産額は最高を更新中だ
1/4 −15,080円
1/5 +2,450円
1/6 −12,560円
1/10 +15,457円
1/11 +14,512円
1/12 −18,013円
1/13 +27,009円
1/16 +34,160円
計 +47,935円
でもシグナルに反応できなくて途中でかなり儲けそこなってるんだよなー
それさえなければ……
ぎりっ……
1月16日午後6時ライブドアへ東京地検が強制捜査に入る
証券取引法違反で――
おお…
そっかー何かやってると思ってたけどなホリエモンも終わりかな
とりあえずライブドア株明日はストップ安だな
ふーん
大変だな株主は
1月17日
コトはライブドア1社にとどまらず
おおなんだこりゃっ
ほぼ全銘柄下がってる
ライブドア傘下の連結子会社の株も軒並み暴落
そしてさらに――
⇩ライブドア
⇩ライブドアマーケティング
⇩ライブドアオート
⇩ターボリナックス
⇩ダイナシティ

マネックス証券がライブドア関連株の担保掛目を0にすると発表しました
これが原因か!?
例えば100万円の株を持っているとする
A社株
100万円
担保価値
80万円
×3倍
240万円
信用ワク
通常は担保掛け目8割で80万円分を担保としその約3倍の最大240万円分の信用取引ができる
ところが掛け目を0にされてしまうと
A社株
ゼロ!!
信用ワクもゼロ!!
いきなり信用枠も0となりポジションを手仕舞わざるを得ない人が続出する
ライブドア関連株を持っている人が他の銘柄も投げ売りし相場が下落
その下落がさらに売りを呼び相場全体にパニックが広がった――
おわああ あっちでもこっちでも損切りサインが出てる～
売りが間に合わね～
ワー
ワー
ギャーカチャカチャ
カチャカチャ
1日の最大負け額を喫する
おお…これはきた…
ズーン
-¥70,000

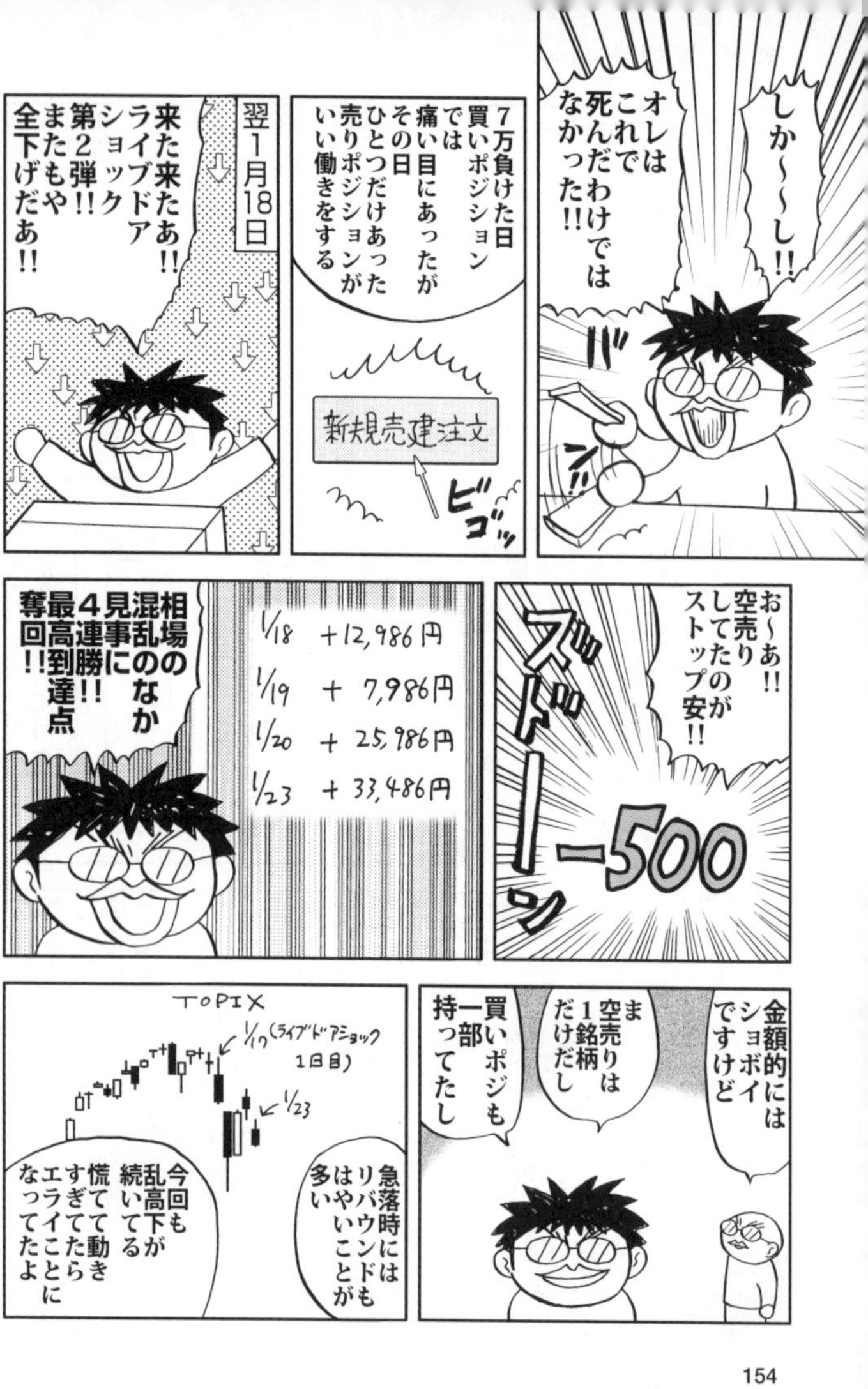

しか〜〜し!!
オレはこれで死んだわけではなかった!!
バン!!
7万負けた日買いポジションでは痛い目にあったがその日ひとつだけあった売りポジションがいい働きをする
新規売建注文
ビゴッ
翌1月18日
来た来たあ!! ライブドアショック第2弾!! またもや全下げだあ!!
お〜あ!! 空売りしてたのがストップ安!!
ズドーーン
-500
1/18 +12,986円
1/19 + 7,986円
1/20 + 25,986円
1/23 + 33,486円
相場の混乱のなか見事に4連勝!! 最高到達点奪回!!
金額的にはショボイですけど
ま空売りは1銘柄だけだし
買いポジも一部持ってたし
TOPIX
1/17(ライブドアショック1日目)
1/23
急落時にはリバウンドもはやいことが多い
今回も乱高下が続いてる慌てすぎてたら動きエライことになってたよ

つまりオレのシステムは実によく今回の急変に対処した!!
メチャメチャガンジョーだった!!
1月23日夕方
ホリエモンタイホです!! ホリエモンが逮捕されました!!
来るべきものが来たね
これで相場のライブドアショックはひと段落
もとの上昇基調へ
1/24
結局ライブドア株は6日連続ストップ安をつけそのあとも下がり続けた
株主のみなさんは本当にお気の毒でも一番の株主であるホリエモン自身は1000億円単位で損してますから
要するに収支の上ではオレは完全にホリエモンに勝利!!
今までライブドア株など見向きもしなかったという意味でも勝利!!
勝ち組だ!!
あとひとつ言いたいこと
ちゃんと額に汗して働かなきゃ
とホリエモンや我々トレーダーに対して言う人がやたらいますが

オレらは額だけでなく
手にも背中にも脇の下にもじっとり汗かいてトレードしてますから!!
さて勝ち組勝ち組言うあなた今月はいくらお勝ちで?
うっしゃっしゃっしゃっ
う?1万5000円くらい…
のマイナス
あたたっあたたっあたたっ
マ?
うっしゃっしゃっしゃっ
だってさだってさ
システム2はうまーく相場についていって利益が出たんだけど
月後半にシステム1ですごく負けて…
ほらライブドアショックで相場が変わっちゃったんだと思うんだよね立会時間が30分短くなったりして…
んなっ
ぎゅー
いでででマジいたいやめて〜
うっしゃっしゃっしゃっ
2006年1月末
総資産
5,167,060円
元本増減率
＋14.82%
月収支
－15,774円
(－0.30%)

2006年1月の日経平均と主な出来事

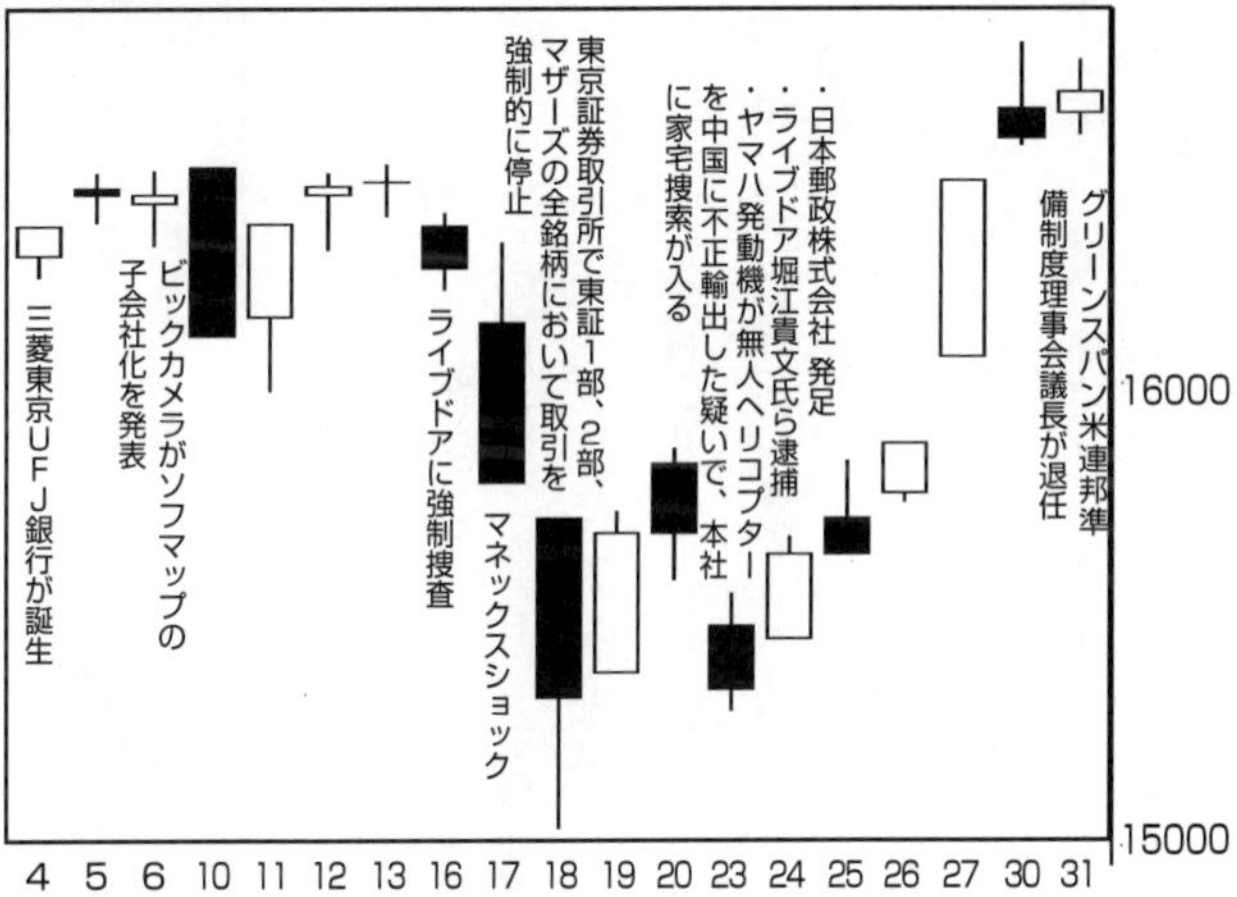
三菱東京UFJ銀行が誕生
ビックカメラがソフマップの子会社化を発表
ライブドアに強制捜査
東京証券取引所で東証1部、2部、マザーズの全銘柄において取引を強制的に停止
マネックスショック
・日本郵政株式会社 発足
・ライブドア堀江貴文氏ら逮捕
・ヤマハ発動機が無人ヘリコプターを中国に不正輸出した疑いで、本社に家宅捜索が入る
グリーンスパン米連邦準備制度理事会議長が退任
16000
15000
4
5
6
10
11
12
13
16
17
18
19
20
23
24
25
26
27
30
31

担保掛目　現物株を担保として信用取引をするときの、担保価値の評価割合。例えば、掛け目が8割なら、現物で持っている株の値段の8割を担保として、金を借りられるということだ。実際に信用取引できる枠は、その3倍程度、つまり持っている株の値段の2・4倍程度となる。掛け目は証券会社が裁量で決めていいことになっている。東証1部銘柄なら8割だが、新興市場銘柄なら7割というように。

マネックスショック　2006年1月17日の後場、マネックス証券がライブドア株およびその関連会社の担保能力を予告なく「掛け目ゼロ」にした。そのため、同社株式を担保として信用取引を行っていた投資家の売りが集中。さらに、ほかの証券会社も追従するのではとの不安から、売りが売りを呼ぶ展開に。別に違法ではないが、客のためというよりは、焦げ付きを恐れたためという気もする。

ロクデナシ日記

ホリエモンはなぜ捕まったのか

ホリエモンはなぜ捕まったのか。どうして悪いのか。そこのところがよく分かっていない、分かったフリをしている人もいるだろう。坂本が説明しよう。

ライブドアが起訴された内容は、有価証券報告書に虚偽の内容を掲載した疑い、つまり「粉飾決算」と「証券取引法等違反」の2つ。

ひとことで言えば「相場は簡単に儲かるようにはできていない」ということだ。ほかの投資家をだますなどしてノーリスクで儲ける方法は、証券取引法によって禁じられている。

相場で儲かるのは、あくまで損をするかもしれないリスクを取ったご褒美としてであるというのが大前提だ。錬金術は存在しない。

勝つためには、額に汗して、正しい努力で相場を研究しなくてはならない。

会社の経営者が、自社について嘘の情報を流して株価をつり上げるなどというのは

ライブドアに強制捜査が入った日

1月16日
午後6時
ライブドアへ
東京地検が
強制捜査に入る
証券取引法
違反で――
おお…

もってのほかだ。なかでもこの事件のような粉飾決算は最悪だ。自社や自社の傘下の会社が、赤字なのにもかかわらず黒字だという決算を発表する。株価は上がる。うますぎる話だ。

また、非常に巧妙で複雑な取引も行っていた。投資事業組合という組織を隠れみのに、企業買収がらみで大量の株を発行し、それを売り抜けて利益を計上していたのだ。

自社株を売って儲かるんなら、そんなもん、ニセ札を印刷するよりも簡単だ。それに加えて株式分割を絡めて株価をつり上げ、ますますウハウハだった。

ライブドアは、株式100分割や時間外取引など、法律で許されていることは何でも、悪びれることなく堂々とやって儲けてきた。ある意味あっぱれな姿勢だった。

しかし、陰で違法なことをやっていたのなら完全にアウトだ。刑事罰もさることながら、悪夢を見た株主にどう責任を取るつもりか。オレは土下座が見てえなあ。

これでオレとホリエモンとの戦いは終わった。

しかしホリエモン自身が終わったとはかぎらない。ライブドアに戻ることはないだろうが、また新たに事業を興すことは十分可能だ。彼ほどのアイデアや実行力のある人間なら、きっと復活できるだろう。

刑務所で立派に更生して、今度こそ社会のためになる仕事でその能力を発揮してほしい。彼ならきっとやってくれる。

日本を背負って立つ男です。我が弟です！　息子です!!　堀江貴文を頼みます!!

ライブドアショックで相場がバタついていた1月
オレには別の問題があった
システム1がおかしい…
2006年2月
第3のシステム
システム2のほうはすごく好調
運用5カ月で負けたのはひと月だけ
ライブドアショックでも平気どころか最高益をあげた
ところがシステム1ときたら…
シミュレーション
過去データのシミュレーションは2よりずっと安定しているハズだったのに…

ここ4カ月で2度も14万円のマイナスを喫するとは!!
システム1 月別収支
2005/3 +76,740
2005/4 −59,097
2005/5 +66,470
2005/6 +77,269
2005/7 +72,422
2005/8 +57,690
2005/9 +69,331
2005/10 −146,382
2005/11 +21,894
2005/12 +89,855
2006/1 −142,580
どーん
どーん
うっしゃっしゃっならまた改良すればいいじゃないですか
改良の余地はほとんどねぇよ
検証はやり尽くした
じゃあヤメちゃうんですか?
うっしゃっしゃっしゃっ
いやそれも違う
ここは〝マネーマネジメント〟で乗り切る
今資金の割り振りはこんな感じだ
これでは優秀なシステム2への投資割合が少なすぎる
190万
320万
システム2
システム1
そこでまずシステム1から50万円取り
分かったシステム2へもっていくんですね?うっしゃっしゃっ
50万
190万
270万
システム2
システム1
それも考えたが
これまでとはまた別の口座に入れる
とん
50万
190万
270万
システム2
システム1
ほうそれで?
うっしゃっしゃっしゃっ
それでは発表します

この50万円で
第3のシステムを運用します!!
えっ もうできたんですか? 作ってたんですか? はやくないですか?
うしゃしゃしゃしゃっ
まぁな
オレもシステム作りのコツが分かってきたってとこだな
もっともこいつはまだ完成度が低いから50万円でテストだ
それぞれの得意・不得意はこんな感じだ
	相場つき		
	上昇	下降	横ばい
システム1	○	○	○
システム2	◎	◎	△
システム3	◎	△	×
だいぶ多様性が出てきた
こういう「金の配分の仕方」や「1取引ごとにリスクにさらす全額の決め方」が
マネーマネジメント(資金管理)だ
これは明日の相場がどうなるのか考えるよりよほど大事なんだけどちゃんと考えてる人は少ない
「いつ買うか」よりも「何株買うか」のほうが収支に与える影響はデカいというのに
ライブドアショックで資金を全部なくしたような人たちが
マネーマネジメントさえしっかりしてれば!!
さてこうして準備を整えておいて2月相場に入っていく
ゴー

うーん
ぱっとせん…
2/1 −10,410円
2/2 +3,518円
2/3 +14,174円
2/6 −6,702円
2/7 +13,975円
2/8 −7,618円
2/9 −1,407円
合計 +5,530円
ライブドアショックのリバウンドが一服して
TOPIX
ライブドアショック
1/18
2/9
最近もみ合ってるからなぁ
このもみ合いの間オレのシステムはやたらと売りサインを出す
空売セヨ
空売セヨ
空売セヨ
リバウンドも力尽きたのか？
2月10日
今日は売りポジションしか持ってないけど
さてどうなるか
きたきたぁ!!
なんか降ってきたぁぁ!!
ひゅん
ひゅん
ひゅん
2/10
ドーン
+75,949円
ドドーン
よっしゃぁぁぁ
オレ史上最高利益!!

さらに
ずば…ーーん 2/13
+56,513円
続けてきたぁぁ!!
ずばばーーん 2/17
+57,015円
そしてまたまたぁぁ〜〜!!
短い2月に3度目の5万越え〜!!
この日のために…この日のためにオレは頑張ってきたんだよ!!
なぁお前たち!!
どうしたの?
昨年の上げ相場のなか「なんですかこのショボい成績は!? うっしゃっしゃっ」とかなじられても
満足のいく研究成果が出るまでは決して運用開始しなかった!!
そういった努力や忍耐がようやく実ったんだーーー!!
このまま1日5万の利益が当たり前になれば
月収100万円だーーー!!
えーっマジでー!?
そんでそれからどうなったの—!?
んなっんなっ
うっしゃっしゃっしゃっしゃっしゃ

2月はしめてプラス14万円となりました!!
ビッ
えーそんだけ!?
あの3日間以外は全然ダメむしろマイナスってことですな
うるさい!!相場が下げるなかオレだけが勝ったんだ!!
惨敗トリノ五輪で一人金メダルの荒川静香のように!!
システム別に整理すると
システム1 +40,837円
システム2 +117,009円
システム3 −9,900円
合計+147,946円
活躍からいけば1が村主章枝2が荒川静香3が安藤美姫ってところかなちゃんと年齢順になってるし
うっしゃっしゃっしゃっやっぱりシステム3に割り振った分をシステム2に足しとけばもっと儲かりましたね!!
いいんだよ新システムを育てるのも大事なんだよ
ほらうちの娘も育ってきたぞ!!8カ月でつかまり立ちだ!!
あたっあたっ
うっしゃっしゃっしゃっ
きれいにまとめないで下さい
2006年2月末
総資産
5,315,006円
元本増減率
+18.11%
月収支
+147,946円
(+2.86%)

2006年2月の日経平均と主な出来事

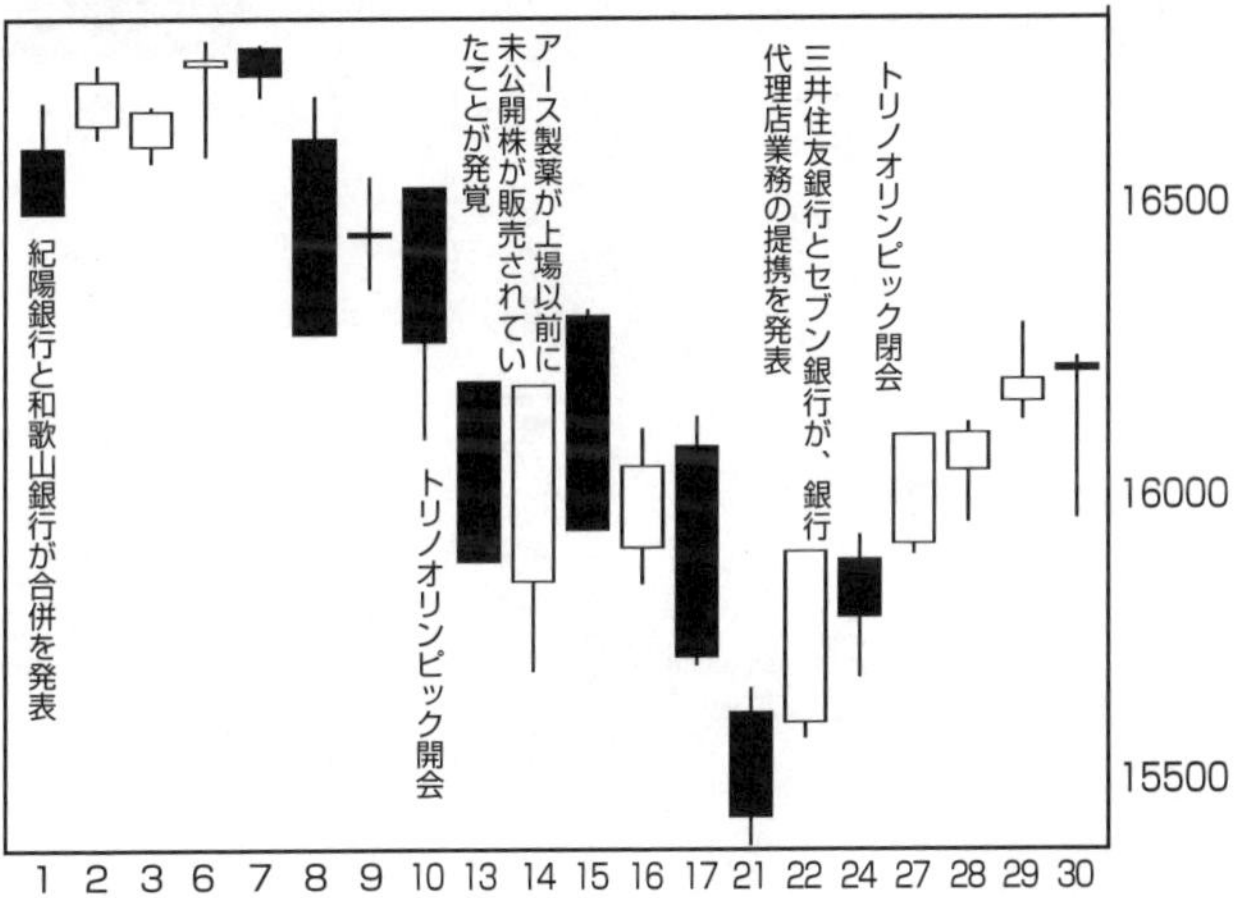
紀陽銀行と和歌山銀行が合併を発表
アース製薬が上場以前に未公開株が販売されていたことが発覚
トリノオリンピック開会
三井住友銀行とセブン銀行が、銀行代理店業務の提携を発表
トリノオリンピック閉会
16500
16000
15500
1 2 3 6 7 8 9 10 13 14 15 16 17 21 22 24 27 28 29 30

マネーマネジメント　資金管理。もっと分かりやすくいえば、リスクを分散して軽減し、利益をどのようにリスク管理のこと。どのように最大化するかを考えることだ。収支に大きく関係する最重要分野。例えば、勝率5割のゲームで、勝てば賭け金が倍になり、負ければ賭け金を失うとする。今1億円持っているとして、1勝負に持ち金の半分を掛けることにする。100回勝負して50勝50敗だったら、持ち金はいくらになるか？　答えは、57円。半分ずつ賭けるのはあまりに大胆すぎるのだ。賭け金の使い方次第で収支は大きく変わるということを覚えておきたい。

リバウンド　年に数回程度の割合で、株式市場全体が急落することがある。しかし、修正によってある程度戻ることが多い。このような株価の動きを「リバウンド」と呼ぶ。

ロクデナシ日記

ライブドアだけが悪いのか

ライブドアショックとそれに続く2月の下げによって、株式相場から個人投資家が減っているという。

スケート場が盛況なのは、荒川静香のおかげだけでなく、株をやめて暇になった人たちのおかげだ。株で全財産を失った人が連日マスコミに登場し、「株って怖い」という印象を世間に植え付けている。

しかし、オレはここであえて言う。ちゃんとした技術さえ身につけていれば、株はけっして怖いものではない。その技術のなかで一番大切なのが「マネーマネジメント」すなわち資金管理だ。

資金を全部溶かすような大失敗をする人は、ほぼ例外なくリスクを大きく取りすぎている。

例えば、信用取引でライブドア株を全力買いしていたらどうなっていたか。

１トレードのリスクを必ず１％以内に収める

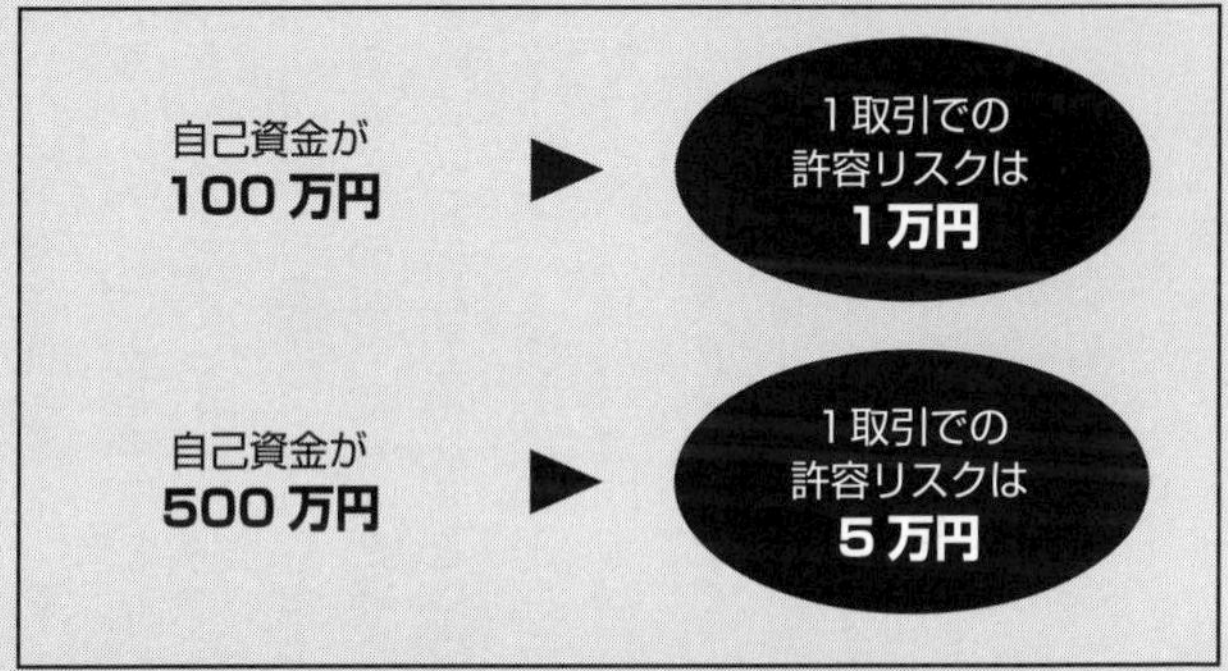

　１００万円の資金があったとすれば、３００万円分まで買える。ライブドアショックで６日連続ストップ安になり、最初に寄り付いたときには、株価は４分の1になっていた。すなわち３００万円分の株が75万円になる。マイナス２２５万円。元本の１００万円を割って１２５万円の借金だ。

　こんなやり方をした人がいたとして、財産をすべて失ったことを、果たしてライブドアのせいだけにできるだろうか。

　ある株を１００円で買うとする。90円になったら損切ると決めておく。資金が１００万円あるとして、その何％をリスクにさらす方針なのかによって何株買えるかが決まる。10％なら1万株だし、１％なら

1000株だ。これがマネーマネジメントという考え方だ。

バン・K・タープ著『魔術師たちの心理学』（パンローリング）という本に「資金の3％以上をリスクにさらすのはギャンブラーどころか〝ガンマン〟だ」と書いてあった（現在は『新版 魔術師たちの心理学』に改訂され、ガンマンの記述はない）。自分の方針を決めるときの参考になるだろう。

オレは以前から1％未満でやっている。今はもっと少ない。

マネーマネジメントは、理屈も実行も簡単なわりには非常に効果が高い。まさに投資における必殺技だ。専門書が数多く出るほどの奥の深い分野なのだが、個人レベルでは今言った程度のことに気をつければ十分だ。

これからも株は上がり続けるから大丈夫だ、と言うつもりはない。下がっても準備さえしていれば大丈夫だから、どんどん投資をしようと言いたい。

そうして、オレを儲けさせてくれ。

1月のライブドアショックも最小限の損でしのぎ
2月の下落もプラスで終え
もう怖いものはなくなった
いや逆に困ったことも出てきた
儲かりすぎたらどうしよう!?
わはははははははは
税金とかいろいろ大変じゃんか!!
2006年3月
やっぱ株最高
今の売買システムだけだと1回ごとの株数がデカくなってくるんだよな
そうすっと自分の注文だけで値が大きく動いたりしてシステムが機能しなくなるな
そのときの対策を今から考えとかないとなー
あーどうしよ――
ずっと先の話だよ

ほら見ろー
3/1 +9,852円
3/2 +1,611円
3/3 +35,046円
でーん!!
お?
3/6 −38,610円
3/7 −15,293円
3/8 +980円
3/9 −25,146円
おお?
あっ
月の3分の1が終わってマイナス収支…
ふー
イラつく展開だ……
こういうときオレは
無性にあることがしたくなる
それは……
プログラミングだ——!!
おらおらおら〜システム検証プログラムをイチから作り直してやる——!!
カタカタ
ちゃんと設計をやって新システムをすぐに試せるようにする!!
どんな状況にも大丈夫なようにどんどんシステムを作る!!
今は相場の本よりもプログラミングの本を読む!!
オブジェクト指向だ!! デザインパターンだ!!
ゼロからのプログラム設計

ふー
時間
かかるなー
いやしかし
ここで
苦労しとけば
あとで
楽なんだ
ただ
こんだけ
手間ヒマが
かかると
ふと
思うことが
ある
オレの親父なんて
昔から持ってた
1銘柄を
なんにもせずに
持ち続けた
だけなのに
この
上げ相場のおかげで
オレよりもはるかに
儲けてるんだ!!
3/10 +5,269円
3/13 +22,932円
3/14 −11,859円
3/15 +22,911円
3/16 +16,025円
いったい
株って
なんなんだ!!
ここまでの月収支
+23,724円
ボグッ
こっちは
こんなに
努力してるって
いうのにー!!
ボグッ
ボグッ
あっ
今日
何日?
え?
16日
だけど
どうし
たの?
ちょっと
行ってくる!!
じゃあ
パンと
レタスと
卵とチーズ
買ってきて
びーん
DVD&BOOK
きっ

マネー なんとか
㈱なんとか
あったあった
四季報四季報ラリルレロ〜
やっぱ四季報は発売日に買わねーとな
なんだかんだで本当株大好きだねあんた
それにしても見るたんびに株本増えてるなー
ビジネス書コーナーだけでなくコンピュータ書コーナーにもあるよ
ネットでデイトレ必勝術
あと最近増えてきたのが
FX（外国為替証拠金取引）関係だなー
FXでもうける
資産分散のためにやってみてもいいけど
前にドル円の過去データでオレのシステムを走らせてみたら全然ダメだったんだよねー
勝てる気がせんよ
ほら買ってきたよ
ん？
んぎゃあああ
ヘルメットかぶったとこ見て泣いてる
ほらおまえの大好きな四季報だよ
ベラベラ ベラベラ
この遊び好きねー

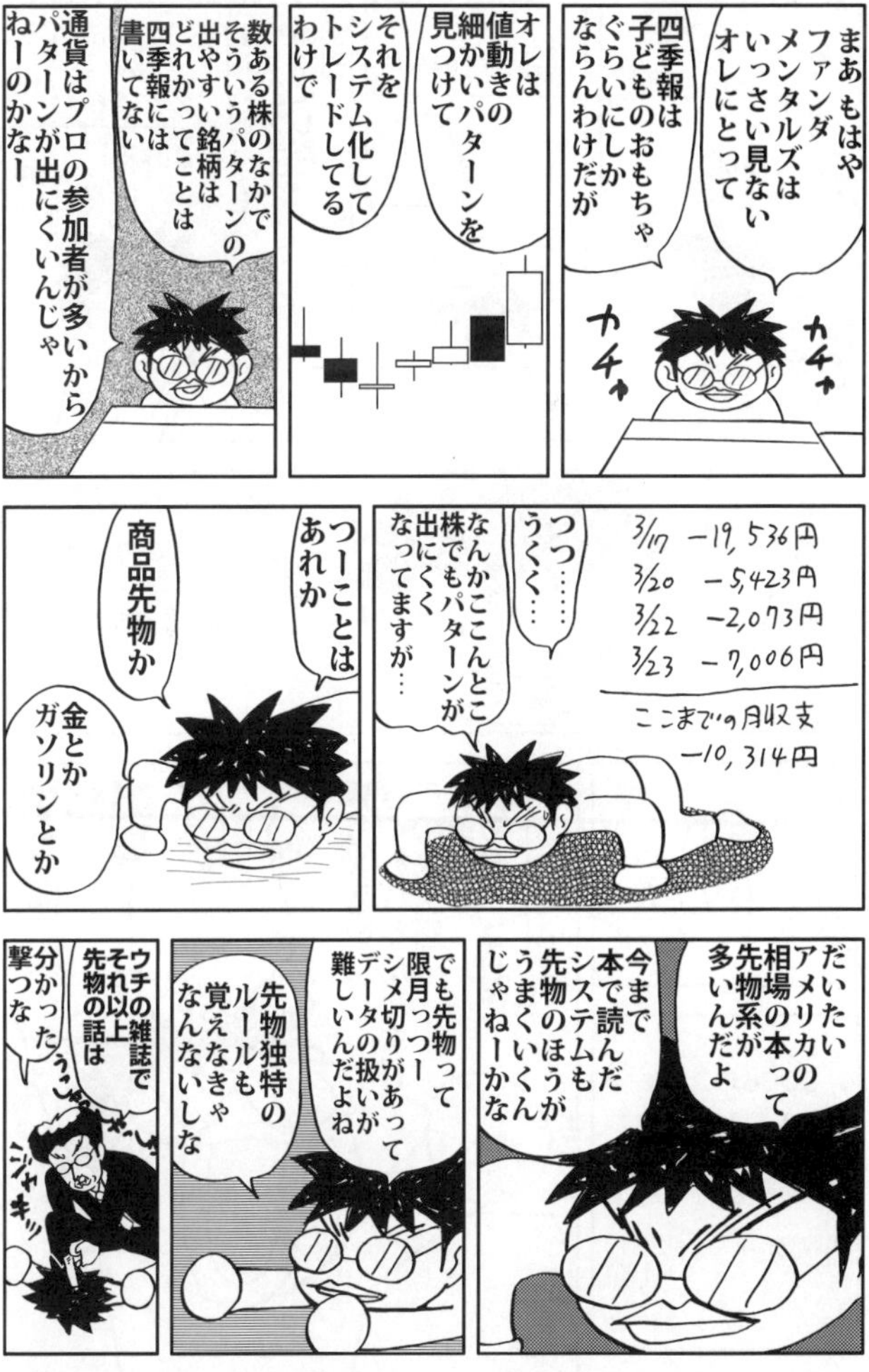
まあもはやファンダメンタルズはいっさい見ないオレにとって
四季報は子どものおもちゃぐらいにしかならんわけだが
カチャ
カチャ
オレは値動きの細かいパターンを見つけて
それをシステム化してトレードしてるわけで
数ある株のなかでそういうパターンの出やすい銘柄はどれかってことは四季報には書いてない
通貨はプロの参加者が多いからパターンが出にくいんじゃねーのかなー
3/17 −19,536円
3/20 −5,423円
3/22 −2,073円
3/23 −7,006円
ここまでの月収支
−10,314円
つつ……うくく…
なんかここんとこ株でもパターンが出にくくなってますが…
つーことはあれか
商品先物か
金とかガソリンとか
だいたいアメリカの相場の本って先物系が多いんだよ
今まで本で読んだシステムも先物のほうがうまくいくんじゃねーかなん
でも先物って限月っつーシメ切りがあってデータの扱いが難しいんだよね
先物独特のルールも覚えなきゃなんないしな
ウチの雑誌でそれ以上先物の話は
分かった
撃つな
ジャキッ

3/24 +4,468円
3/27 +8,268円
月収支 +2,422円
はーやっとプラス 時給にしたら30円
3/28 +37,034円
おっちょっと来たか?
3/29 −10,547円
うっしゃっしゃっしゃっ
ジャキッ
先物
商品先物
先物入門
3/30 +42,258円
3/31 +24,769円
月収支 +95,936円
ふーーー
やっぱ株最高ーー!!
努力は必ずむくわれるんだよ!! この充実感こそが株のダイゴ味だーー!!
ベラベラベラ
へっ
いつまでやってんだ
2006年3月末
総資産 5,412,287円
元金増減率 20.24%
月収支 +95,936円 (+1.81%)

2006年3月の日経平均と主な出来事

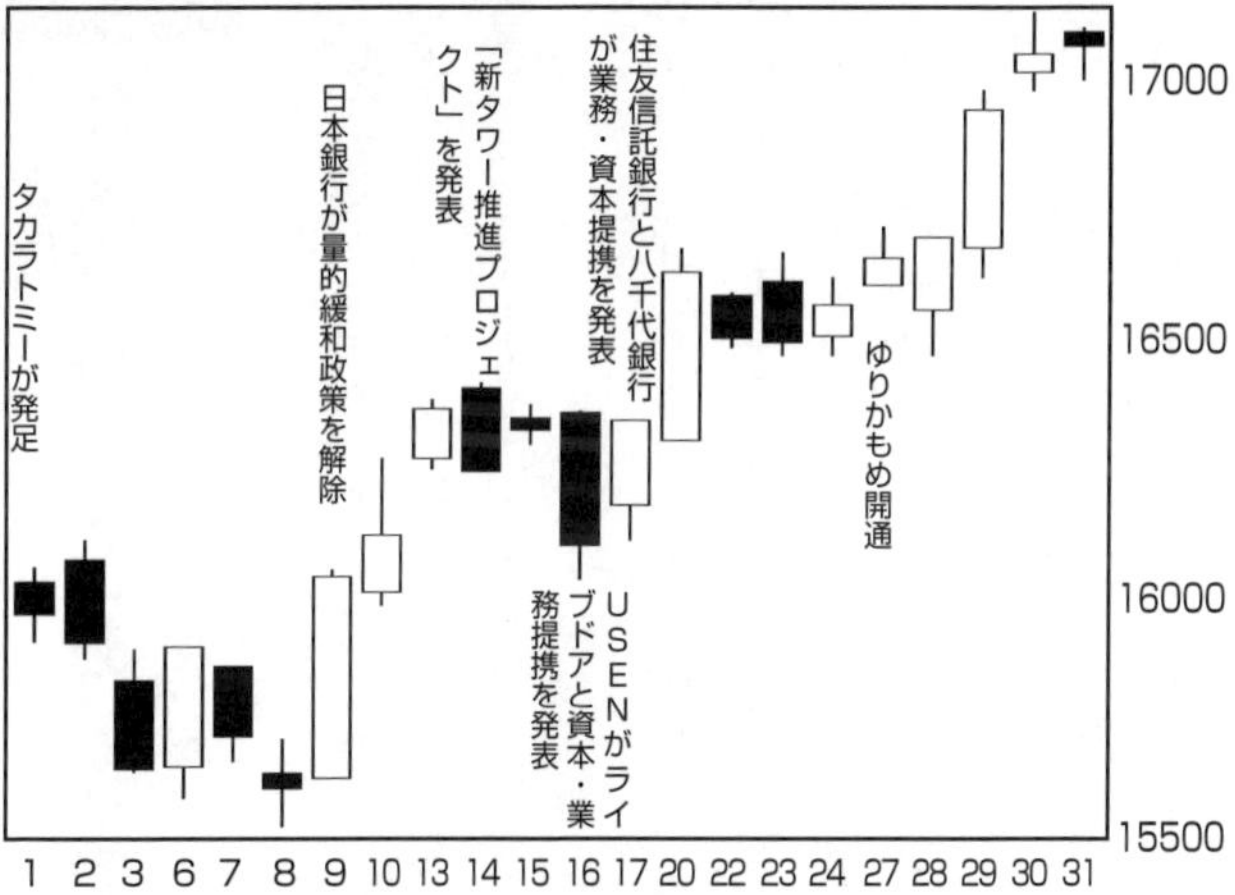
タカラトミーが発足
日本銀行が量的緩和政策を解除
「新タワー推進プロジェクト」を発表
USENがライブドアと資本・業務提携を発表
住友信託銀行と八千代銀行が業務・資本提携を発表
ゆりかもめ開通
17000
16500
16000
15500
1 2 3 6 7 8 9 10 13 14 15 16 17 20 22 23 24 27 28 29 30 31

オブジェクト指向　ソフトウエア開発手法。オブジェクト指向では、全体の機能をひとつとして考えるのではなく「部品」のかたまりと考える。保守性や再利用性に配慮して、個々の部品の独立性を重視する。

デザインパターン　ソフトウエア設計者が編み出した設計ノウハウを、他者が再利用しやすいように、特定の規約に従ってカタログ化したもの。

四季報　会社四季報（東洋経済新報社）のこと。3カ月に一度、年に4回発行。全上場企業の基本情報や決算、業績予測などがコンパクトにまとまっている。似たような情報誌に『日経会社情報』(日本経済新聞社)がある。

限月　先物取引で、売買建玉を最終的に決済しなければならない月のこと。

ロクデナシ日記

新人さんへのごあいさつ

このたび新しく株式投資を始めた皆さん、おめでとうございます。新人の皆さんへ坂本より、ごあいさつを兼ねて、ひとことご助言申し上げます。

皆さんは、株式市場という晴れ舞台に立って、いささか緊張しておられることでしょう。

しかしそんな必要はまるでありません。相場というものは、皆さんの慣れ親しんできたパチンコ屋とそう変わりません。

参加しているのは必ずしも紳士淑女ばかりでなく、糞ロクでもない皆さんもちゃんとウヨウヨされています。パチンコ屋と違うのは、その人たちが目に見えないことだけです。

もっとも、その存在はいくらでも確認することができます。株関連の掲示板やブログでは、この世にあってはならないような醜い書き込みが日々量産されています。

損切りできないのは罪深い

きっちりスーツにネクタイの人たちが皆さんにいろいろアドバイスをしてくれるでしょう。

しかし、そういう話をまともに聞いてはいけません。彼らこそが一番ロクでもない人々「アナリスト」なのです。

彼らは、早口に専門用語を並べ立て、いかにも聞かなければならないような雰囲気を醸し出しています。しかし「天気が良ければ晴れでしょう」程度のことしか言っていません。

株取引をするうえで、一番大事なことは何でしょうか。それは損切りをすることです。相場を張るとは、すなわち損切りをすることと言っても過言ではありません。

損失を確定するのは抵抗があるでしょう。しかし、恥ずべきことでも、いけないことでもありません。むしろ、損失額が大きくなりすぎて切るに切れなくなるほうがよほど罪深いのです。そうなる前にすっぱり切りましょう。

いいですか、良いことを言いますよ。８６８本ホームランを打った王貞治氏は１３１９回も三振しているのです。

皆さんが一人も欠けることなく、そろって億万長者になれるよう願っています。何があってもとことん生き抜き、けって破産はしないでください。

そして絶対に私よりも儲けないでください。

最後になりますが、投資は自己責任でお願いします。

今月は相場の動きが少なくてあんまりやることがなかったので
特別企画『あなたはどのタイプ!? 株式トレーダータイプ分析』をお送りします!!

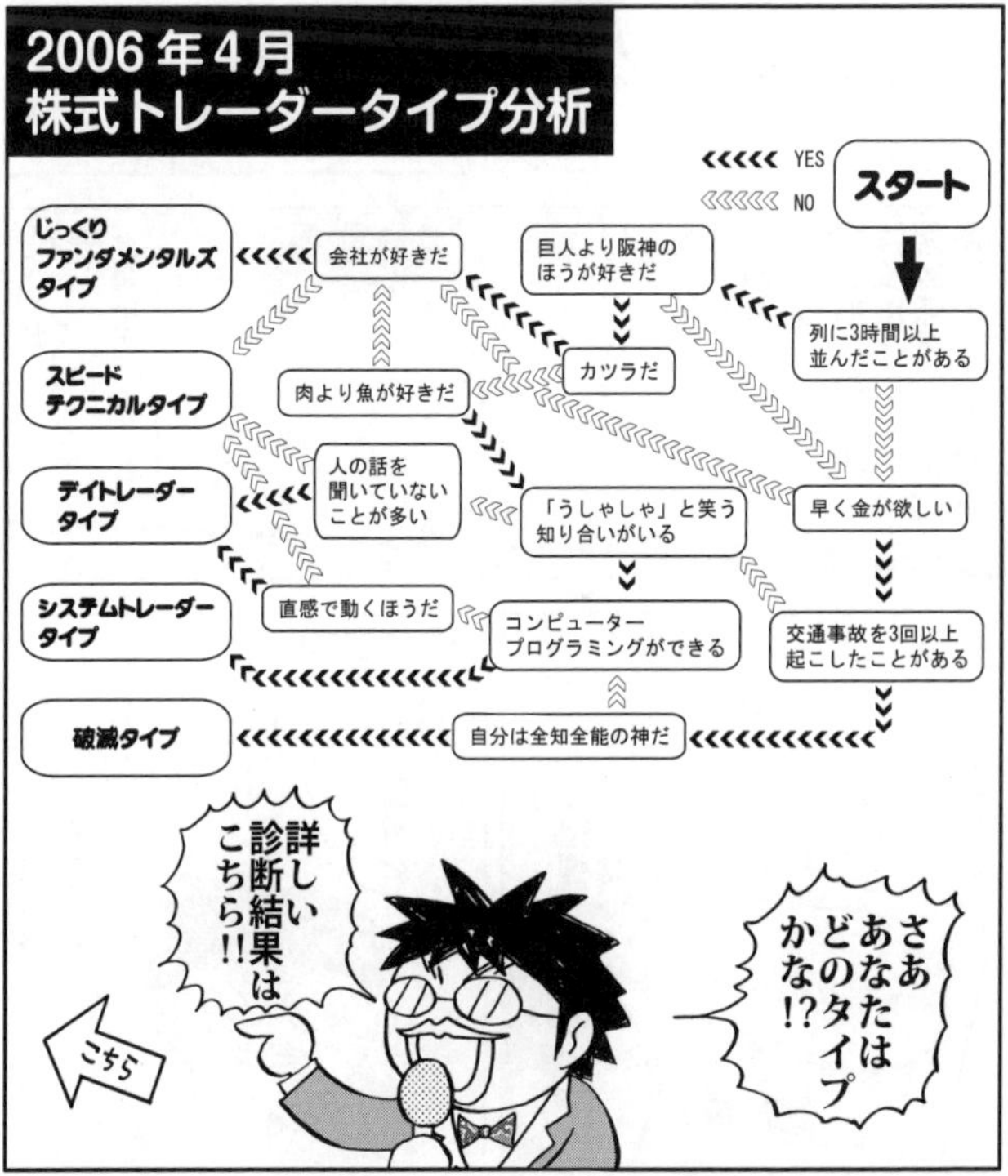
2006年4月
株式トレーダータイプ分析
YES
NO
スタート
列に3時間以上並んだことがある
巨人より阪神のほうが好きだ
会社が好きだ
カツラだ
肉より魚が好きだ
早く金が欲しい
人の話を聞いていないことが多い
「うしゃしゃ」と笑う知り合いがいる
直感で動くほうだ
コンピュータープログラミングができる
交通事故を3回以上起こしたことがある
自分は全知全能の神だ
じっくりファンダメンタルズタイプ
スピードテクニカルタイプ
デイトレーダータイプ
システムトレーダータイプ
破滅タイプ
さああなたはどのタイプかな!?
詳しい診断結果はこちら!!
こちら

「じっくりファンダメンタルズタイプ」のあなた
このタイプのあなた
日本の経済を支えるのはあなたです
会社というものをじっくり研究して優良企業にどんどん投資してください
そして大金持ちになったアカツキには企業買収でファンドと戦ってください
ちなみに「ファンダメンタルズ」とは「基礎情報」のこと
いろんな情報からみて「今の株価って割安じゃん」と判断して投資する
しかし経済指標だとか業績だとか死ぬほど情報量が多いので大変だよ
「スピードテクニカルタイプ」のあなた
このタイプのあなたは
感覚的な部分と理詰めの部分を併せ持っています
さまざまなテクニカル指標を理解するには論理的な思考力が必要
でもチャート読みには感覚的な判断が必要

短期売買で成功すればすばやく金持ちになれますが
連敗にはもー慣れましたわ
そうなるためには精神的な強さが要求されます
楽天イーグルスのファンまたは監督になって鍛えましょう
「デイトレーダータイプ」のあなた
このタイプのあなたは
まさに時代の花形です
ハナガタとハナがタカイをかけてみました
RPGよりもアクション系のゲームが得意で
理屈よりも反射神経で勝負します
トップクラスのデイトレーダーはもしもガンダムが本当にあったらすぐに乗りこなしてしまうような人たちです
多分に才能がモノを言いますが実践を積むことによって上達することも十分可能です
「システムトレーダータイプ」のあなた
このタイプのあなたは
ある意味では勝利にもっとも近くある意味ではもっとも遠い人です

おそらく勝っている人の割合が一番高いのがこのタイプでしょう
ただしハードルはたくさんあります
その全部が高いです
ゴールははるかかなたです
プログラミング
統計学
売買手法
しかしシステムトレードでは過去データで徹底的に検証するので「統計に裏打ちされた安心感」が得られます
もはや台の演出に惑わされるパチンカーのようなことはなくなるのです
「破滅タイプ」のあなた
このタイプのあなたは
はっきりいって株に向いていません
おそらく株のおもしろさにハマるでしょうが
最終的には何もかも失う可能性が高いでしょう
しかしあなたのような人はやめとけと言われるほどやりたくなるでしょう

それではこの4月相場についてみんなで話し合ってみましょう
企業業績は好調で景気回復も続いてるんだけど
原油高や金融引締が足を引っぱって株価はもみ合ってるね
ファンダメンタルズタイプ
4月7日の高値を4月21日の高値が抜けなかったことで
短期的には天井をつけた感じがするね
テクニカルタイプ
つーか最近板がまったりしてるっつーか
出来高もガツンとこねーしヤバくね——？
デイトレードタイプ
オマエらバカだな
値動きの小さいときは全力買いだっつーのちょっと動けばガッポリよ
破滅タイプ
みなさん安心なさい
値動きの小さい時期のあとには必ず大きく動くときがきます
私が自分の売買システムを検証する過程で分かったことです
よしゃっそしたら全力買いだ!!
システムトレーダータイプ

うっしゃっしゃっしゃ
ゴタクはいい
ですから
勝ったのか
負けたのか
言ってください
出たな
ドSタイプ
だからぁ
こんな
上がったと
思ったら下がり
下がったと
思ったら上がる
コチャコチャ
した相場では
どんなやり方も
あんま勝てない
んだって
買
×買
売
×
×
開き直ってないで
こういう相場でも
勝てるシステムを
作ったらどうです
か!!
うっしゃっしゃっ
ま
そのうちに
でも
のぞみウス
さ
オレらは
売買手数料を
払ってんだ
相場が
フラットなら
どうしても
手数料分
負けちまうんだ
トレーダー
殺しだよ
うっしゃっしゃっしゃ
ホントに
殺しましょうか?
プツッ
あいてっ
2006年4月末
総資産
5,372,982円
元本増減率
＋19.40%
月収支
－37,960円
(－0.70%)

2006年4月の日経平均と主な出来事

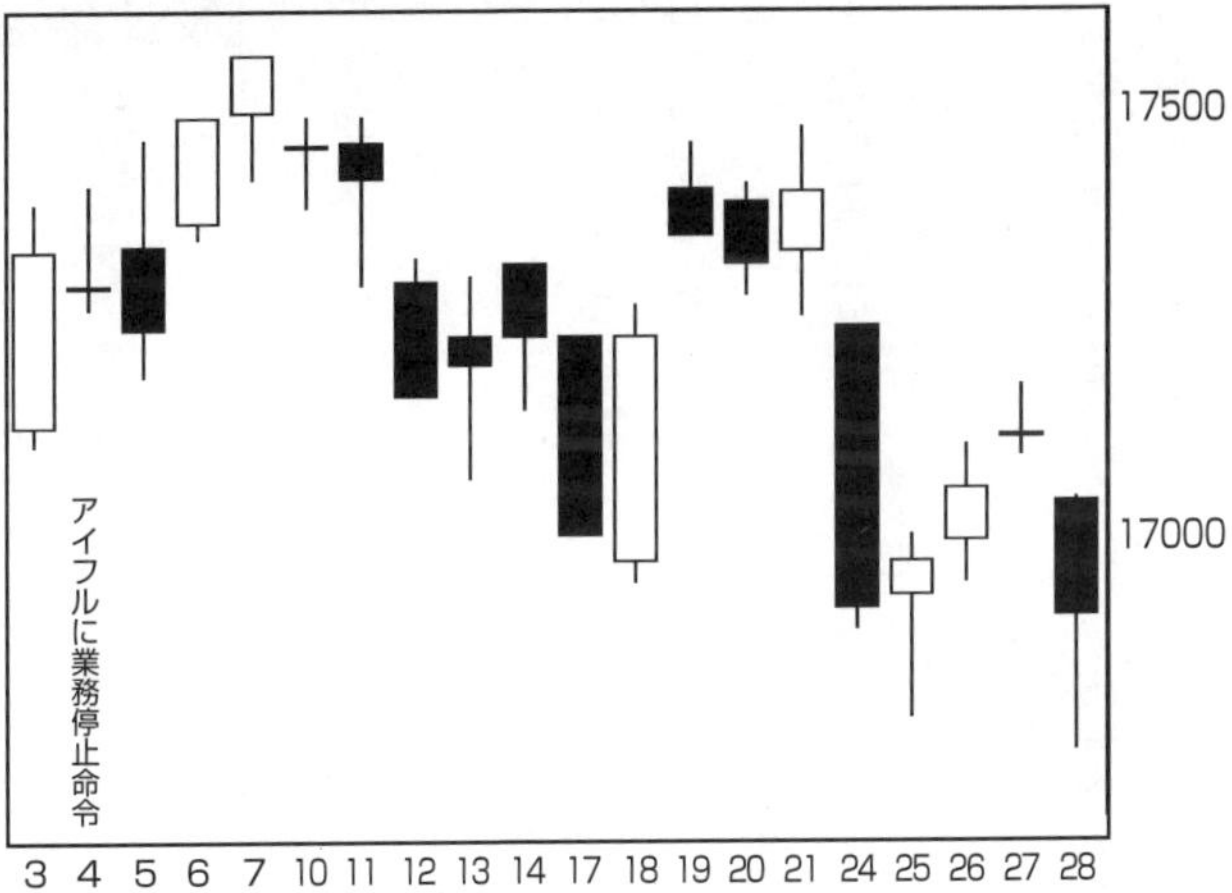

楽天イーグルス　正式名称は東北楽天ゴールデンイーグルス。日本のプロ野球球団で パシフィック・リーグの球団のひとつ。宮城県を本拠地として活動している。
　2005年に新規参入した。2006年時点では最終的に2年連続最下位となってしまった。

もしもガンダムが本当にあったら　機動戦士ガンダム。日本サンライズ（現サンライズ）制作のロボットアニメ。
　ガンダムを乗りこなすには特殊な才能が必要といわれている。

金融引締　中央銀行（日本では日本銀行）が、インフレや景気の過熱を抑制するために行う政策。金融市場に供給されている資金を吸いあげて政策金利（無担保コール翌日物）を高めに誘導することで通貨の供給量を減らし、金利水準を高めて、過剰な経済活動や物価上昇を抑制すること。

ロクデナシ日記

相場で一番怖いこと

相場を張る者にとって一番怖いのは、大暴落でもテロでもない。相場がまったく動かなくなることだ。

株価がずっと同じで1円も変わらなければ、何をどうやろうと絶対に儲からない。買った値段で売るしかなく、そうなると手数料の分だけ負けていく。だから誰も参加しなくなる。やがて相場は消滅する。

もちろんトレーダーも死ぬが、経済も崩壊してしまう。巨大隕石が落っこってくるくらい怖いことなのだ。

こういったことを想像すると夜も眠れなくなる。株価ボードのどの株も、昨日と変わりなし。日経平均もTOPIXもプラマイゼロ。株価チャートもずっと水平線。やがて投資家はみんな興味を失い、出来高はゼロになる。株式発行による資金調達ができなくなった企業は潰れていく……。

小動きのあとには大動きがある

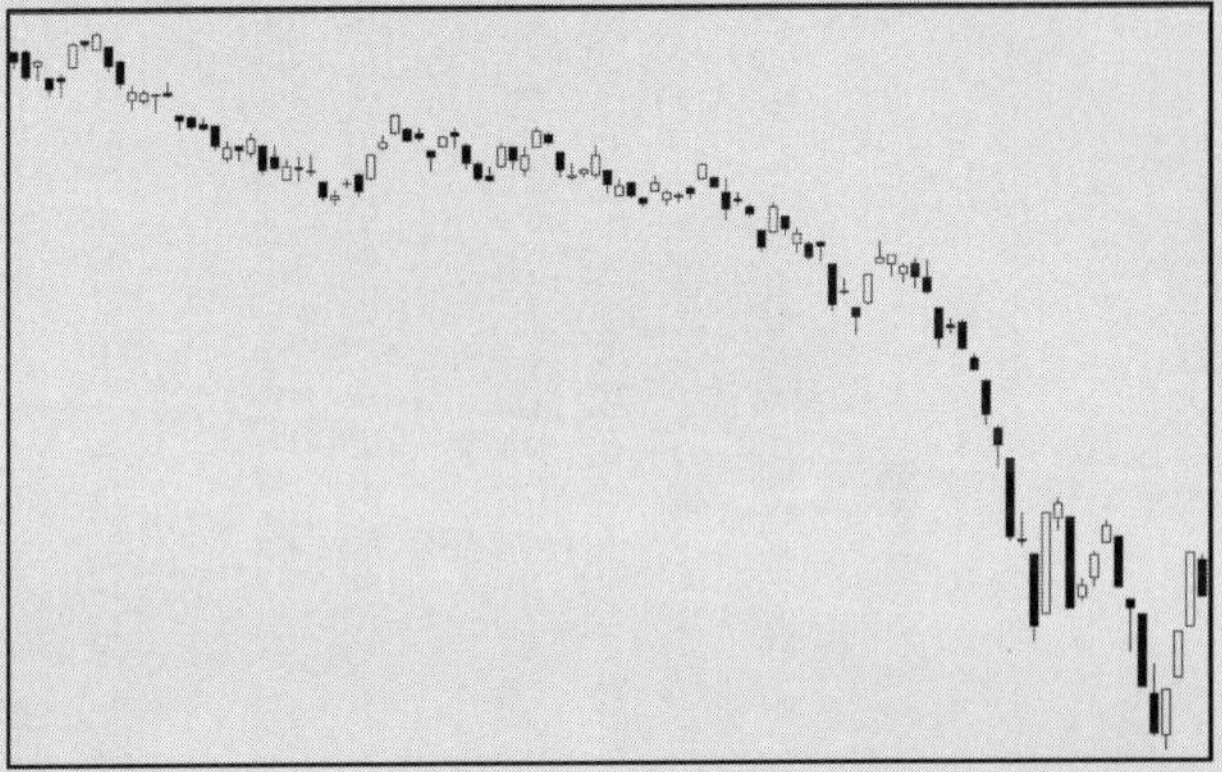

取引所のシステムダウン以外では、ここまで極端なことにはまずならないだろう。しかし、極めて狭いレンジで行ったり来たりする状態が長く続くことは十分起こり得る。このほうがまったく動かないよりも始末が悪い。

まったく値が動かなければ、儲からないが損もしない。しかし微妙に動いていれば、何度も逆を突かれて損失を重ねる可能性が高い。

どんなに好調なときでも、そうなったらどうしようということを常に考えている。そしていつも結論は「そうなったらどうしようもない」ということになる。

「1円抜き」とか「スキャルピング」

とか呼ばれる、ちょっとの上げ下げですぐ手仕舞って儲ける手法があるにはある。しかしそれも、相場が不活発なときには難しい。方向が読みづらいし、板も薄くなりがちだ。

「休むも相場」とはよく言ったものだ。しかし、これがまた実際難しい。一度株を覚えた人はどんなときでも売買してしまいがちだ。休むべきときをシステムに組み込むのも難しい。

ひとつ分かっているのは、小動きの相場の後には、必ず大きく動く時期がやってくるということだ。今までは必ずそうだった。

休んだらその直後から動き出すかもしれない。だから休めない。自分が帰ったあとに楽しいことが起こるのではないかと思って帰れない飲み会のようなものだ。

2006年5月
株式相場は約8%の下落3年半ぶりのデカい下げ
どーん
多くの個人投資家はひどい目にあった
そんななか――
オレは堂々のプラス収支を記録した!!
ははは
ははははは
こらぁいくら自慢してもいいでしょう!!
はははは
2006年5月
オレシステム検証
負けてらっしゃる大勢の皆さんに謝りなさい
うっしゃっしゃっ
じゃきっ
調子に乗って申し訳ございませんでした

んじゃ さっそく 取引を見て もらいます
多少っていうか すごい自慢とか 入るかも しれませんが 許してください
5月8日
連休が 明けて 待ってました とばかりに 相場は 上がってん だけど
空売りの サインが いっぱい出てる
売
売
ウリ
2月も 天井圏で 売りサイン が出たし
今回も ひとつ たのみ ますよ
ウリック ウリック
5月9日
日経平均 −100円
オレの収支 −6,056円
ふーん
5月10日
日経 −238円
オレ +3,069円
うんうん
コクリ
5月11日
日経 −89円
オレ +57,777円
しゃーっ!!
5月12日
日経 −260円
オレ +31,848円
しゃー
5月15日
日経 −114円
オレ −5,406円
……
5月16日
日経 −328円
オレ +25,392円
ぱん
ひゃっ
ほーい

相場が6日続落する間に
ザッバーンィ
オレは10万円の利益達成!!
だー
いやーまさにこの日のために地道にシステムトレードをやっていたんだよ!!
どんなに強烈な上げ相場でも
必ず買いと売り両方やるようになっている
で上げ相場では買いの利益が売りの損失額を上回り
下げ相場では売りの利益が買いの損失を上回る
買
売
そういう設計になってるもんだから
どうしても去年みたいな大相場には乗り遅れるみたいな感じになっちゃう
しかしひとたび相場が下落しはじめると
きゃー
ゆうゆうと先行者たちを追い抜いていくのだ!!

日々の取引の一方で新・検証プログラムの開発進行中
ふーー
ようやく形になってきたぞ
今までは「1回に1単位」の売買シミュレーションしかできなかったけど
今後は金が増えたら仕掛ける株数を増やすようにしてシミュレーションできる
総合結果 115,968,734,212,322
それで今やってるシステム2を過去20年分のデータで検証した結果がこれ
え～といちじゅうひゃく……
ひゃっ百兆円!!?
どうしたの?
いやいやそんなはずはない
ああなんだ現金がないのに現物株買ってるバグだバグ
15,067,984,672,335
ほーらみろ15兆だ
じゅじゅっ15兆円!?
あ──信用枠超えて取引しちゃってる修正修正
8,391,142,673,047
なーんだ8兆円か

ねぇ!! どうしたの!?
え？ああ オレって8兆円しか儲けられないって話だよ
まん まん
はっ 8兆円!?
ぎんっ
指輪買って!! ダイヤモンド!! 今すぐ!!
バカ言え そんなのたった8兆円で買えるかよ
あ～あ 短え夢だった
はっはっ ハッチョ——!!
バタ——ン
よく見たら最後のほうでは取引銘柄の発行済株式を全部買うようになってたりして
8兆円などとてもあり得ないことが判明
どでーん
しか——し 8兆円は不可能でも
10億円くらいなら楽勝なんじゃな——い!?

さー
月後半も
空売りサイン
出まくり!!
売り売り売り
売り売り売り
売り売り売り売り
いいいいいいいい!!
5月収支
+125,938円
やや伸び悩んだが
まずまず満足のいく成績である
ほんっとにカメですね
うっしゃっしゃっしゃっしゃっ
こんなペースでは兆どころか億稼ぐのにも100年かかりますよ
いやいやいや今はこれでいいのだよ ソボガ
株の"複利"でコロがせること
金が増えるほどに雪ダルマ式に勝ち額がデカくなるんだよ
ゴロゴロゴロ
5年後には月100万円だから
調子に乗りすぎてこんなふうにならないで下さいね
うっしゃっしゃっしゃっ
えっ
村上ファンド強制捜査へ
2006年5月末
総資産
5,498,920円
元本増減率
+22.2%
月収支
+125,938円
(+2.34)%

2006年5月の日経平均と主な出来事

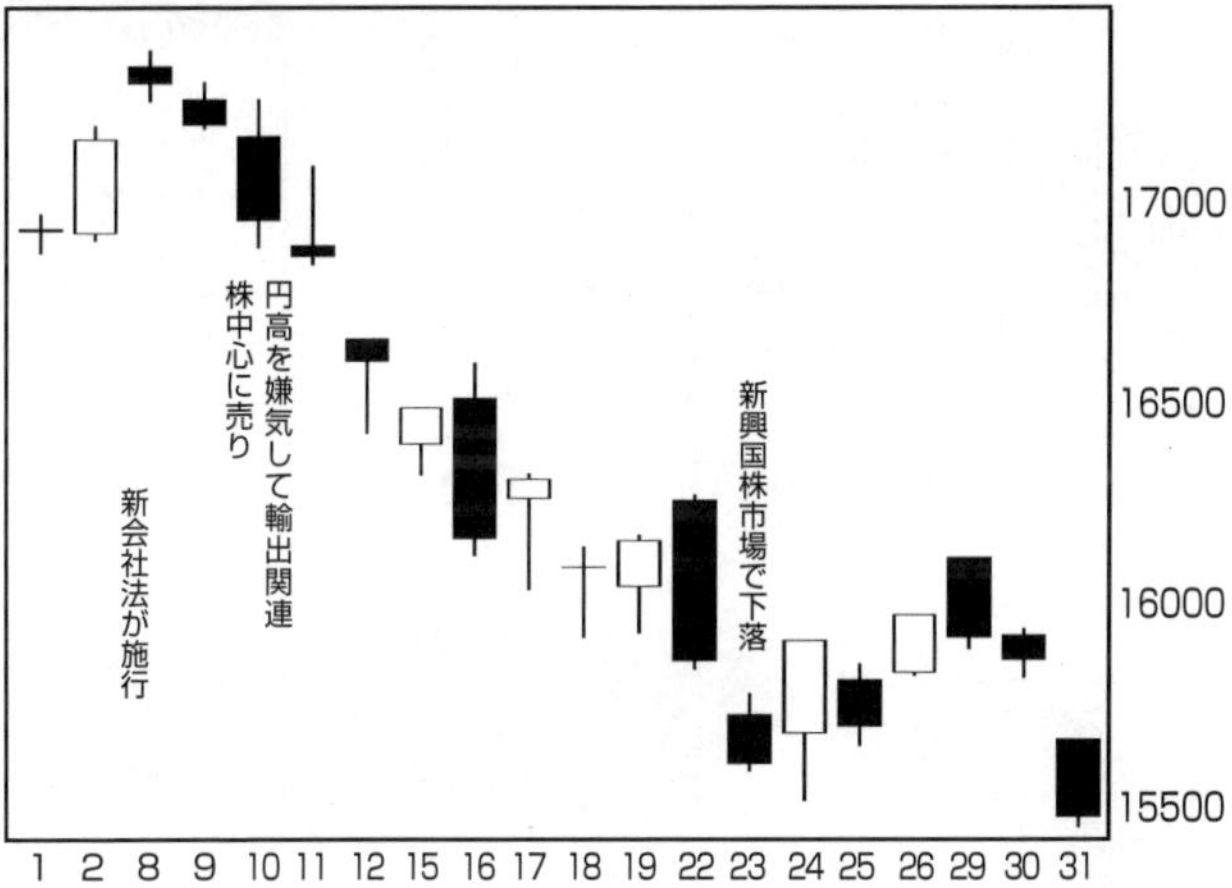

発行済株式　会社が発行した株式。わざわざ「済」と断っているからには、発行済みじゃない株式というものもあるらしいのだが、見たことはない。我々トレーダーにとって大事なのは、その数だ。一般的に、たくさん株を発行している会社の株は流動性が高く、少ない株は流動性が低い。個人投資家は、値動きが早い小型株を好む傾向がある。ただし、小型株のなかには非常に板が薄く、取引しづらいものがあるので注意が必要だ。

複利　投資元本とその収益から得た利益の合計額でさらに次の利益を計算する方法のこと。利益を再投資して雪ダルマ式に資産を増やしていく投資法。

　例えば、500万円を年収益率20%で増やせたら、1年目には100万円の利益（500万円×20%）となる。2年目は120万円、3年目は144万円の利益となる。

ロクデナシ日記

ライブドアショックと村上ショック

2006年上半期、ライブドア・村上ファンド問題で株式市場は大きく揺れた。この難局をタクマはどう立ち回り、いかに乗り越えたか!?

2005年はこのうえなく順調に上げた株式相場だが、2006年になって天井を打った。市場からの退場を余儀なくされた投資家が大勢いた模様だ。

オレはその期間を、特に痛手を被ることもなく、無難に乗り切った。そして利益を伸ばした。システムトレードをしていたおかげだ。

特別なことは何もしていない。ただ、その日に出たシグナルのとおりに売買し、大引けの後には次の日のシグナルを仕込む。それを毎日繰り返したにすぎない。

もちろん、ライブドアにガサ入れのあった日の翌日は、オレにも不安があった。相場全体が大混乱に陥るなか、オレも大きな損失を食らった。だが、自分の不安な気持ちとトレードをまったく切り離して対処できた。買いポジションを順番に切り、新たに売りポジションを建てた。

5月の崩落も味方につけた

その月は結局、少しマイナスで終わったが、それは相場が戻して売りポジションが踏み上げられたためだ。そのころから、まるでその後の相場の天井を察知するかのように、オレのシステムは売りサインを出しまくった。

相場はその後、ライブドアショック前の高値を超えて上昇する。

そこにワナがあった。

もしオレが裁量でトレードしていたら、ライブドアショックを乗り切ったことで強気相場がまだまだ続くと思い、どんどん買っていただろう。実際そうした人も多いと思う。

しかしオレのシステムは、4月後半ごろから、奇妙なほど売りシグナルを多く出した。そして5月の崩落。ここで4月が天井だったことが明らかになる。

5月の下落を楽しみ、そこそこの利益を上げたあと、6月になって「村上ショック」が起きた。その後の2日間は本当に楽しかった。1日での自己最高利益を2日連続で更新したのだ。

もはや「ショック」という感覚はなく、事件自体への興味もほとんどなかった。その証拠に、その月の漫画でもまったくと言っていいほど触れていない。

過去にもいろいろな大事件があった。それらもすべて、システムには織り込まれている。相場が大きく動いて一時的にやられることはあっても、いずれは取り戻せることになっている。

そう信じることができるようになった。

相場への参加の仕方は「買い」「売り」「何もしない」の3つしかない。だから値動きに何らかのパターンができてしまうものだ。前代未聞の事件でも、株価の反応は意外と過去の別の事件のときと似ていたりする。

2006年6月1日
本日をもって私の株式トレードの総利益が
100万円を超えました――!!
ドンザーーイ!!
2006年6月
相場小学校卒業
おめでとうございま――す
ありがとう
酒
よくがんばった!!!!おめでとう!!!!
ありがとうございます総理!!

うっしゃっしゃっしゃっしゃっ!!
3年半もかかってやっと100万円ですか!!
1億も100億も稼いだ人がいるというのに!!
もちろんこんなものは通過点にすぎないよ
「相場小学校」卒業程度だ
ただ最近利益の伸びが加速してきてる
3年におよぶ研究の成果がようやく出始めたようだよ
相場は下落継続
空売
空売
空売
空売
オレのポジションもほぼ売り一色だ
6月2日
おおすごい下がってきた
なんかすげ——儲かりそう
最低5万円くらいはいくんじゃね——か?

7……8……
どっじゅっ10万円越えた!!
ドキドキドキドキ
おおわあああ
15……17……19……うおおおいくか20万!?
オレ
相場
あああついに来ちゃったよ
オレのシステムが大爆発する日が!!
プルプルプル
やばいよ大金持ちだよ
あれ?なんか相場が反発してきたよ
しゅるしゅるしゅるしゅる
オレ
相場
18……16……14……あ――あ
まぁなさすがに1日で20万はないか
とりあえず10万くらい増えてくれれば
それでも1日の最高利益だし
今までの最高は7万だから
あああ8万……5万……3万……
この日の収支
−5,262円
……
へ――夕日ってこんなに赤いんだー
生きるってこんなに素晴らしいんだー

6月7日
サンクス村上ショック!!今日もよく下げる
5万の利益…6万…7万…
利食うか?
いやいやいやいやダメだダメだ!!シグナルに従うんだ!!
この間だってガマンしたじゃないか!!
いやでもまたこないだみたいになったら…
この日の収支
+87,726円
どん
よっしゃガマンしきった!!1日の最高利益達成──!!
翌6月8日
よーしよし今日はよりいっそう下げてる
んだ──!!日経460円安オレ11万円プラス!!
+113,224円
2日続けての最高利益更新あ──んど初めての10万円超え～!!

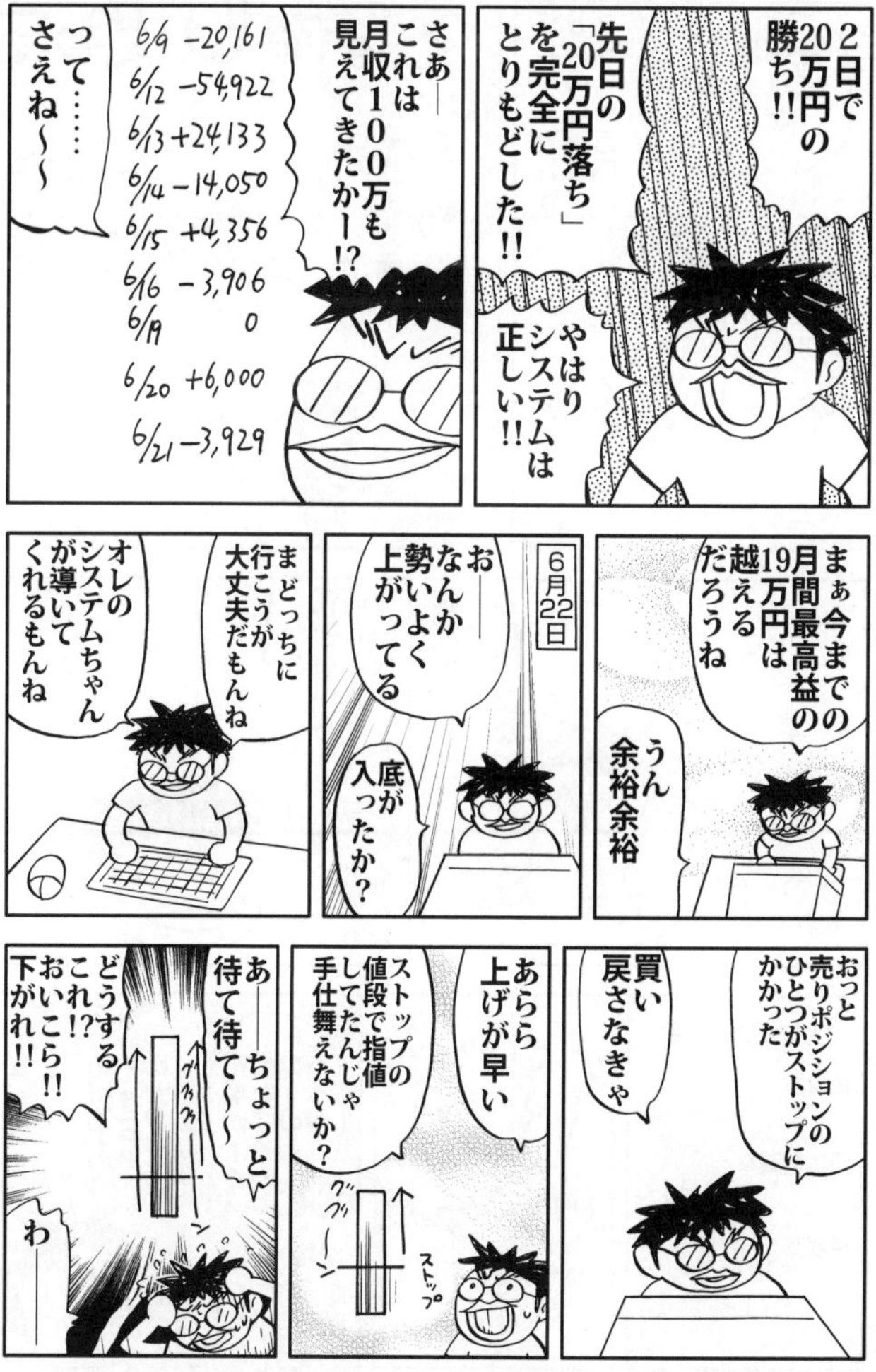
2日で20万円の勝ち!!
先日の「20万円落ち」を完全にとりもどした!!
やはりシステムは正しい!!
さあ―これは月収100万も見えてきたかー!?
6/9 −20,161
6/12 −54,922
6/13 +24,133
6/14 −14,050
6/15 +4,356
6/16 −3,906
6/19 0
6/20 +6,000
6/21 −3,929
って……さえね～～
まぁ今までの月間最高益の19万円は越えるだろうね
うん余裕余裕
6月22日
お―なんか勢いよく上がってる
底が入ったか？
まどっちに行こうが大丈夫だもんね
オレのシステムちゃんが導いてくれるもんね
おっと売りポジションのひとつがストップにかかった
買い戻さなきゃ
あらら上げが早い
ストップの値段で指値してたんじゃ手仕舞えないじゃないか？
グッグ――ン
ストップ
あ―ちょっと待て待て～～
どうするこれ!?おいこら!!下がれ!!
わ―――

すっしんっ
1日の最高損失更新…ライブドアショックを超えるとは…
87,574
ま…まいなす8万円…
終わってみれば6月の収支はプラス11万円
極めて平凡な成績
かえすがえすもあの損切り遅れが悔やまれる
しかし――精神論から自由になりたくてやってるシステムトレードなのに……
なかなか精神論から逃れられないな――
いまだに損切り遅れするもんな
相場小学校どころか幼稚園だな
ぽん
今月は5万円以上の勝ちが3日 5万円以上の負けも3日と荒っぽかった
相場がよく動いてるっつーのもあるが
やっぱオレの金が増えてきたからだな
そろそろどうすか?「今年1年で100万円勝つ宣言」
うっしゃっしゃっしゃっ
びゅーっ
2006年6月末
総資産
5,617,585円
元本増減率
＋24.84%
月収支
＋118,665円
(＋2.16%)

2006年6月の日経平均と主な出来事

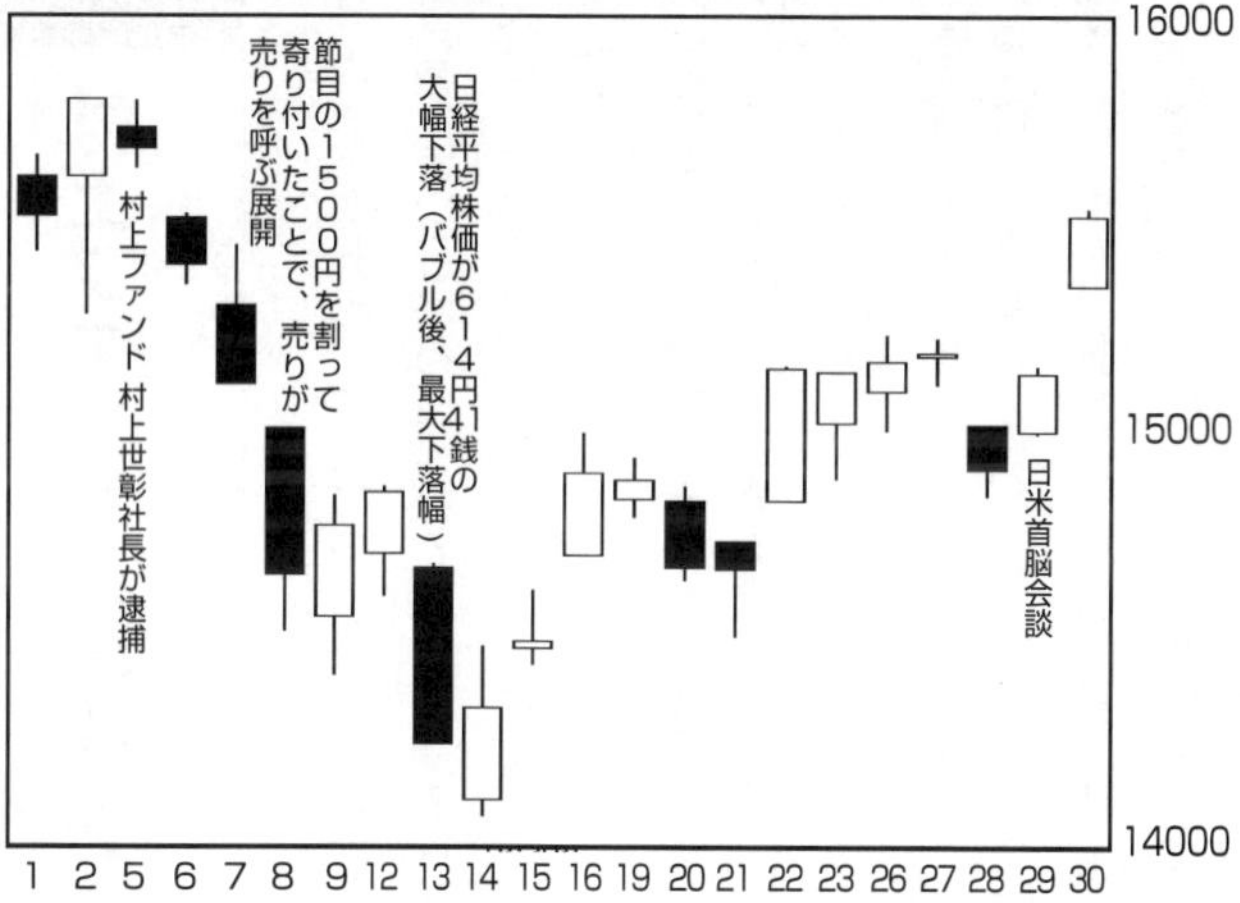
16000
15000
14000
村上ファンド 村上世彰社長が逮捕
節目の1500円を割って寄り付いたことで、売りが売りを呼ぶ展開
日経平均株価が614円41銭の大幅下落（バブル後、最大下落幅）
日米首脳会談
1 2 5 6 7 8 9 12 13 14 15 16 19 20 21 22 23 26 27 28 29 30

村上ショック　「もの言う株主」として注目を浴びることとなった村上ファンド。

米国では株主が経営者に対して意見することは当たり前だ。しかし日本では投資に対する社会的理解は低く、村上ファンドを「総会屋ファンド」「ハゲタカファンド」「仕手筋」などと批判する意見も多い。

２００６年６月５日、代表の村上世彰氏が「ライブドアがニッポン放送株に対して、総株主議決権数の５％以上の株取得を決定した」とのインサイダー情報を入手、公表前に大量の同社株式を買いつけて巨額の利益を得た容疑で逮捕された。この事件を受けて村上ファンドの保有銘柄はもちろん、無関係の銘柄も全面的に下げ、市場への影響は大きかった。

なお、この事件は２０１０年１月現在も係争中である。

ロクデナシ日記

村上ファンドとはなんなのか

村上ファンドとはなんなのか。村上世彰とは何者なのか。

世間ではいろいろ言われているが、オレからひとつだけ言えるのは、この村上という人は、相当株が好きだということだ。株好きが高じて、ファンドまで立ち上げてしまったのだ。

企業に対して意見を言うのも、世の中を良くしようという気持ちからではない。単純に株で儲けるため、ファンドへの出資者の金を増やすためだ。

村上氏が顧客の金を増やすのに並々ならぬ使命感を持っているのと同様に、村上氏が投資する企業にも、株主のために企業価値を上げることを要求する。

投資戦略は非常に分かりやすい。意図が読めないとよく言われるが、儲ける方法を突き詰めた結果、ああいう「もの言う株主」になったのだろう。

ものを言ってどうにかなるためには、それなりの株数を保有しなければならない。

大きな資金を集めてやっているのも、そのための手段だ。

村上氏は阪神に対して阪神球団株を上場せよと提案した。おそらく、大好きなタイガースが、大好きな株を上場したらどんなに素敵だろう、くらいの気持ちなのだろう。

それに対して「八百長の温床になる」としてプロ野球オーナーたちの間には反対意見があるが、さて、それはどうか。株を使って八百長で儲けるためには、株価が勝ち負けに相当連動しなければならない。負けた翌日には必ず下がるというように。

相場はそれほど単純ではない。良い業績を発表した企業の株価が下がることがある。もともと予想された数値だった場合などだ。同様に、弱いチームがいくら負けたところで、すでに「織り込み済み」ならば株価にさほど影響はない。

首位をいくチームが何連敗もするなど、確実に下がるケースはごく限られているはずだ。そして何連敗もするためには、チームが一丸となって、長期にわたって負けようとしなければならない。しかもバレないように。それだったら、全力で戦って優勝を目指したほうが選手としてもよほど儲かる。

本当はどうなるのか、いっぺん上場してみてほしい。

2006年1月16日ライブドアショック

激動の6カ月を振り返る

2006年1月

証券取引法違反の疑いで東京地検がライブドア本社を強制捜査。その後、東証の売買全面停止などで株式市場は大混乱。

システム（タクマ）はどう動いた？

売り・買いは半々。徐々に売りのサインの割合が高くなる。ライブドアショックでは一瞬やられるが、その後すばやく損失を回復する。

ちなみに世間はどう動いたか？

「買えば上がる」的な雰囲気が市場を支配した。当然、ライブドアショック後の市場は大混乱に。

2006年2～4月　天井形成

2006年2～4月

ライブドアショックで下落した株価も、揉み合い期間を過ぎ一気に上昇。この要因には企業業績の好調さなど好材料が上げられる。日銀の量的緩和もこのころ。

システム（タクマ）はどう動いた？

揉みあい後から再び上昇相場になるも、システムは売りのサインが増えだす。4月に訪れたピークをシステムは予測していたのか⁉

ちなみに世間はどう動いたか？

ライブドアショックも払拭され、再び相場は上昇相場へ。「天井は存在しない」的な危険な考えも……。

2006年5～6月　村上ショック

2006年1～6月末までの収支	＋43万4751円
同期間のTOPIX	－62.8ポイント
同期間の日経平均	－606.25円

2006年5～6月

２００６年5月、株式相場は約８％の下落。更に、村上ファンド前代表・村上世彰氏の証券取引法違反（インサイダー取引）事件が下落に拍車をかける形になった。

システム（タクマ）はどう動いた？

5月に入るとサインは売り一辺倒に。そのおかげで、６日連続下げの状況で10万円の利益を上げる。その後も順調に売りで利益を伸ばす。

ちなみに世間はどう動いたか？

強烈な下降相場についてこられないトレーダーが続出。幻想はあっけなく崩壊した。

あーあ はやく大金持ちになって世界一周でもしたいなー
何言ってるの 大金持ちになるのは私たちじゃなくて先生でしょ
2006年7月
分かりやすいシステムトレード
てゆーか がんばってるの私ひとりじゃん
巨人でいったらイ・スンヨプじゃん!!
みんなもガンバってくれないとさー
システム2
ビー子
好きなタイプ
ワイルドな男
私たちはただのシステム
決められたシグナルさえ出していればいいのよ
システム1
エー子
好きなタイプ
公務員
うわーん
お姉ちゃんたちはまだ使ってもらってるだけいいよ!! 私なんか全然使ってもらえないんだから――
システム3
シー子
好きなタイプ
背の高い人

こらこら仲良くしなきゃダメじゃないか
あっ先生!
おはようございますタクマ先生
生涯10億!!
今日はビー子に新しいパーツを持ってきたよ
私に? うれし――!!
うわーんやっぱり私よりもお姉ちゃんのほうが大事なんだ――
まあまあシー子のは今度な
パーツを足されるってことはまだまだ未完成ってことね
うらやましいくせに
はい
ガチャン
何これ!? 重っ
最近相場の値動きが荒っぽいからちょっと早く手仕舞いするルールを組み込んだ
何それ!? そんなのなくても儲けてんじゃん!!
いやこれがあるほうがずっと儲かるから
本当~~~~?

うっしゃっしゃっしゃっ
なんですかこの漫画は？頭がさらに変になりましたか？
システムトレードってもんを分かりやすく伝える努力だ
よーしほんじゃトレード開始!!
おっしゃっ!!
さあ今月も稼ぐわよー!!
はい!!買いシグナル出ました!!
はい買いね
ぽちっ
また出ましたあ!!買いです!!
売りシグナルです
空売りしてください
売り～？バカじゃないの!?
別のルールなんだから逆のシグナルが出てもおかしくないわ
あーあこうしてまた足を引っ張られるのか
それは違うよ
互いに補い合っているんだよ

システム1
7/3 −5,050円
7/4 −15,075円
システム2
7/3 +748円
7/4 +29,991円
ほーら見なさい
……
システム1
7/5 +48,811円
7/6 −20,000円
7/7 ±0円
システム2
7/5 −38,550円
7/6 −39,243円
7/7 −5,354円
あれ？
システム1
7/10
システム2
+62,868円
−62,156円
ぐっ
この日は大幅安で寄り付いたあと大幅高という荒い展開
ふっ
ここまでの月収支
システム1 +76,604円
システム2 −114,460円
足を引っ張ってるのはどっちかしら
ぬむぅ…
この新しいパーツがいけないんだ!!
違うよ
それがなかったらもっとひどいことになるよ
うるさい!!あんたのせいだ!!
何もしないで説教ばっかり!!
何もしないって
おまえたち作っただろ

もう買いはダメ!!
売り売り売りよ〜〜!!
ピコピコ
システム2
7/11　−5,250円
7/12　−11,027円
7/13　−20,029円
月収支　−150,870円
く…屈辱の7連敗
マイナス15万円…
システム1
7/12　+4,000円
7/13　+8,000円
7/14　+5,300円
あなたもコツコツ刻むことを覚えなさい
システム2
7/14
+40,305円
1000円単位じゃしょーがないでしょ!!
ほらもっと売り売り売り〜〜!!
システム2
7/18
+112,513円
やった——!!
日経平均400円下げあーんどあたし10万円勝ち〜〜!!
10万勝ってもまだ月収支トントンじゃないの
まだまだこれからよ!!

7月収支
システム1
+109,917円
システム2
−48,480円
ガーーン
ふっ大差ね
エー子ははじめての10万円超えだな
おめでとう
ありがとうございます
ビー子はまだバタバタするね
重り足すか
い・や・だ!!
うわ〜〜〜〜〜ん
あたし1回もシグナル出なかった〜〜〜
やっぱりあたしなんかいらないんだ〜〜〜!!
いやいやシー子は上げ相場専用だから
これからきっと活躍できるから
ほらほらここ抜けたらWボトム完成で上がるよ
抜けなかったら〜〜?
ここ
えーっとね…Wボトムじゃなくなるね…
つーか上がって株への関心が高まらんと困る!!
なにしろこのマンガが単行本になるんだから!!
売れなかったら分かってますね
2006年7月末
総資産
5625,682円
元本増減率
+26.25%
月収支
+68,097円
(1.21%)

2006年7月の日経平均と主な出来事

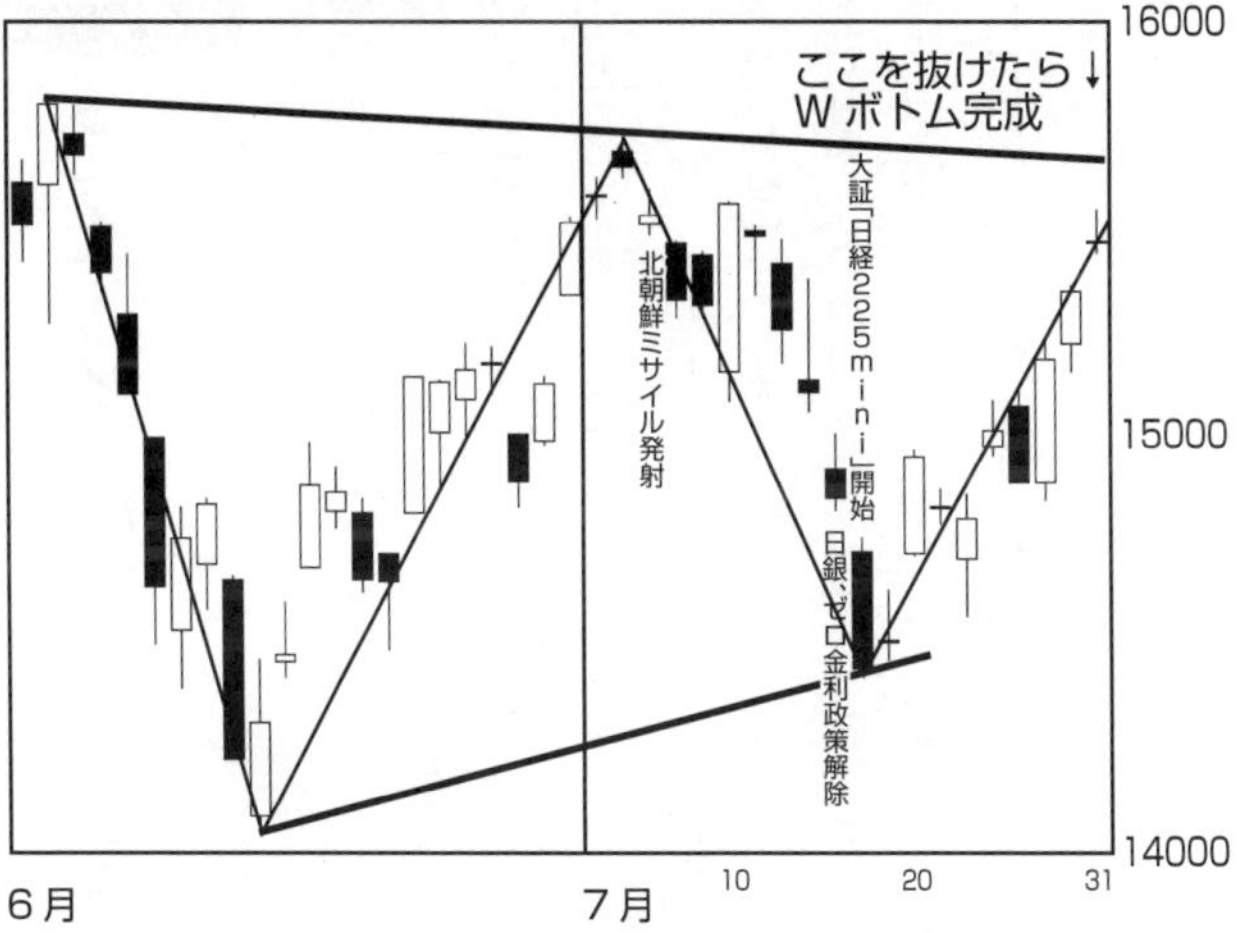

Wボトム　日本語では「二番底」などと呼ばれるチャートパターン。下げてきた相場が下げ止まって一度上がり、また先の安値付近まで下げてから上がっていく形が、Wに似ているところからこの名が付いた。上昇相場への転換サインとして昔から有名。逆の形をダブルトップといい、こちらは天井のサイン。そのほかにもヘッドアンドショルダーとかトライアングルとか、様々な形が認識されている。ただし、これらの有効性をコンピュータで検証するのはなかなか難しい。検証せずに使っている限り、オカルトと言われても仕方がない。

大型株・中型株・小型株　発行済み株式数で株を種類分けした区分。だったはずだが、いつの間にか時価総額と流動性から東証が独自の評価基準で区分けするようになった。時価総額と流動性の高い上位100社が大型株、その下の上位400社が中型株、それ以外が小型株。

ロクデナシ日記

アノマリーはオカルトなのか

夏だし、オカルトの話でもするか。

パチンコでは、根拠のない、経験則に基づいた攻略法のことを「オカルト」と呼ぶ。

パチンコ台の大当たりは確率だ。300分の1の台なら300分の1、400分の1の台なら400分の1で当たる。

とはいえ、300分の1の台を300回回せば必ず当たるというわけではない。毎回300分の1の確率で抽選しているという意味だ。そのため、1回転で当たることもあれば、1000回転やっても当たらないこともある。

ここでいう「オカルト」とは「45~90回転の間は当たりやすい」とか「1000円入れてこの演出が出なかったら当たりが遠い」などの、確率を無視した考え方のことである。

実は、株の世界では、オカルトとそうでないものの境目があいまいだ。というか、まったく根拠のない、思い込みだけのオカルトというのはあまり聞いたことがない。唯一思い浮かぶのは、細木数子がホリエモンに「あんたのとこの株は5倍になる」と言い切ったことくらいだ。

星の動きと株価の関係を真剣に研究している人たちがいる。太陽黒点の数と株価には密接な関係があると主張する人もいる。コンピュータを使って詳しく解析しているらしい。驚くべきことに、それで勝っている人もいるという。

つまり、オカルトかどうかは、トレーダー自身のものの見方による。

ファンダメンタルズを一生懸命勉強している人にとっては、テクニカルはオカルトにしか思えないかもしれない。システムトレーダーなど、鉛から金を生成しようとする錬金術師のように、無駄なことをしていると思われているのかもしれない。

相場の世界では「オカルト」ではなく「アノマリー」という言葉のほうがよく使われる。アノマリーとは、理屈では説明のつかない規則的な値動きのことだ。何月に高くなるとか安くなるといった「季節性」がその代表だ。

「アノマリー」は、説明しようとは試みられるが、説明すればするほどオカルトっぽく聞こえる。

オレのやっているシステムトレードも、まさにアノマリー探しだ。儲かる売買ルールを血まなこで探すのだが、それがなぜ儲かるのかは特に考える必要はない。簡単に説明がつくような現象は、それほどない。

簡単に説明できないからこそ、儲けるチャンスもあるのだ。誰もが知っていて実践できることでは、なかなか儲からないものだ。

一見オカルティックに見えても、実は有効だったりするから、株は奥深い。あからさまなオカルトよりも、いかにももっともらしいが実は中身が空っぽの理論のほうが、よほど有害だ。

ただし、仕掛けはどんなに非論理的に見えるものでもいいが、手仕舞いとマネーマネジメントはまともな理屈に従ったほうが得策だ。

トレードは仕掛けではなく手仕舞いとマネーマネジメントで決まる。いかに天の声が強くトレードを指示しても、きっちり損切りポイントを決めて、けっして大きなリスクを取りすぎないようにしなければならない。

本日の注目銘柄は白夜石油です
原油高でウハウハなうえ新しい油田もブチ当てました
毎日毎日よく材料見つけてくんなご苦労さんなこった
2006年8月
やっぱり材料に惑わされるな
こういうの見て銘柄選んでる人も多いんだろうなー
オレも前はそうだったもんなー
しかしねーこういう誰かの推奨銘柄いわゆる「材料銘柄」ではなかなか勝てなかったな
というか銘柄選びなんてたいして重要じゃないんだって
気づくのにけっこうかかったよ

うっしゃっしゃっしゃっ
「銘柄選びは重要じゃない」とは
「パチンコにリーチは必要ない」以来の大暴言ですね!!
うっしゃっしゃっしゃっしゃっしゃっ
暴言て……リーチはいらんだろ
あくまで今のオレは銘柄選択にはほとんど時間使ってないってだけ
銘柄研究が好きな人はやりゃいいさ
でもさー
例えばこういう雑誌ね
うっしゃっしゃっしゃっしゃっ
株セブンゴールド
推奨銘柄が50も100も載ってる
2～300載ってることもある
これって誠実な態度って言えるかね?
「株で一番大事なのは銘柄選択だ」って考えは
銘柄推奨で食ってる人たちのためにあるんじゃないのか?
とオレは思うのだよ
それじゃあなたは銘柄など選ばなくてもどんな株でも勝てると!?
うっしゃっしゃっしゃっしゃっしゃっ
まあある程度はね

ただし新しい売買システムを導入するときは
どうしても銘柄リストを作ることになる
リスト
でも雑誌とかみたいに材料で選ぶんじゃないよ
〝オレのシステムにどんだけ合ってるか〟が選ぶ基準だ
シミュレーション収支ランキング
そうやって選んだ「オレ的上位ランキング銘柄」のうち
オレの資産に対して高すぎるのとか板が薄すぎるのを除いて取引銘柄リストができあがる
ときどき見直しはするけど
一度作れば長持ちするから楽チンだよ
で8月の取引
相場はちょっと底が入った感じになってる
上に希望が持てそう
8/1 −41,744円
8/2 −7,609円
8/3 ±0円
8/4 −1,629円
8/7 −41,609円
8/8 −3,009円
ここまでの月収支
−95,597円
んぬっっ……

うっしゃっしゃっしゃっしゃっしゃっしゃっ
やっぱり銘柄選びがおかしいんじゃないですか!?
ちがうちがうちが――う!!
基本的にどんな銘柄でも大丈夫なようにシステムを作ってある
はず
本日の特選銘柄は
ブヂッ
うるさい!!
8/9 +40,346円
ほれ見んしゃい!!こっからこっから!!
8月14日寄付前
おや?なんか板薄いな
ぱらっ…
東京で大停電です!!
うわっこれかー
さすがに注目せざるを得ないなー
こらあ下げ材料になるか?
ぐぐっ
ドキドキドキ
今は買いポジションが多いから大変だ
売る

あれ？なんか上がってくぞ
停電によって株価ボードが表示されないのでコメントのしようもありませんが
とか言ってるけど
おお――!!
8/14
+108,321円
オレ +1.92%
TOPIX +1.46%
どうなってんだこりゃ――――!!
もうね ひと月に10万円以上の利益出すの
3カ月連続3回目ですよ!!
完全に複利効果が出てきたね!!
利益が利益を生んでんのが実感できてきた!!
それにしても停電で下手したら取引所が開かないとか市場に大ダメージを与えかねないことなのに
まったく悪材料視されなかったなー
これだから材料って分かんねーよな
むしろいっさい無視したほうが精神衛生上もいい!!

その後も無難にまとめ8月の収支はプラス14万9000円!!
材料など見ないでも銘柄選びの作業などせずともこんだけやれるのだ!!
銘柄選びや材料が大事だと思ってたときよりも
今のほうがはるかに安定した成績だ!!
おめでとうございます
うっしゃっ
このまま単行本発表までは絶対に負けないでください!!
ま…まかせとけ!!
スーパー
どれにしようかな
ワイン
ワインの銘柄なんてどれでもいいだろ
アルコールならアルコールランプの中身でもいいんだろ?
ガチャッ
300円
ああそれもそうだ
そうなのかよ
2006年8月末
総資産
5,835,546円
元本増加率
＋26.35%
月収支
＋149,846円
(＋2.64%)

2006年8月の日経平均と主な出来事

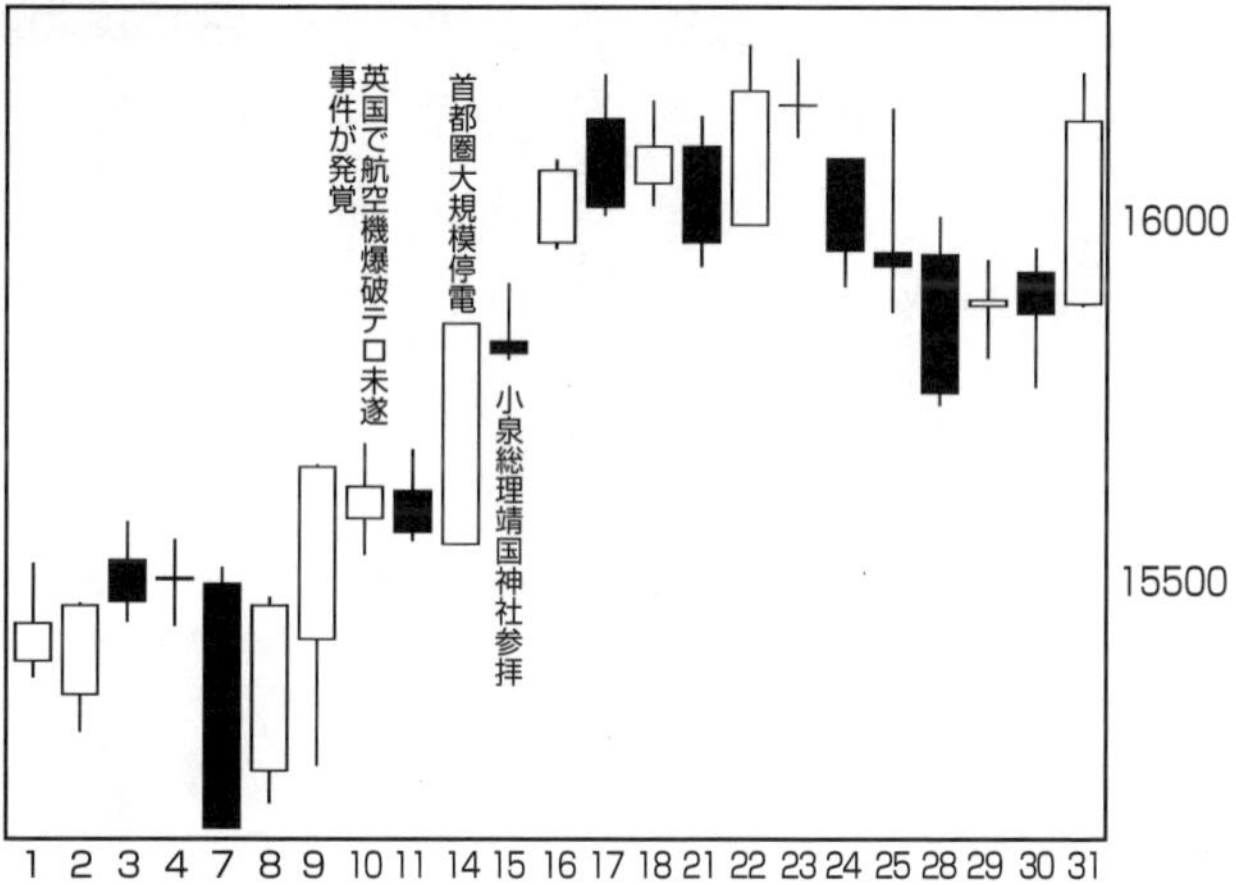

材料　株価を動かす原因となる物事。政策や為替相場などの市場全体に関わる大きなもの、決算や新製品発表など個別企業に関わるものなどいろいろある。自然現象や天変地異など、宇宙のあらゆることが材料となり得る。

「材料難」は、材料がなく、投資家が動きづらい状況。「材料株」は、材料で動いている株。業績というよりは、噂レベルで売り買いされるというニュアンスがある。セガは材料株だと雑誌には書いてあった。

板　各銘柄で、売りと買いの注文数量を値段ごとに示した表。売買数量が多いことを「厚い」、少ないことを「薄い」という。

首都圏大規模停電　２００６年8月14日、日本の東京都23区東部とその周辺１３９万世帯の住宅や鉄道などが停電。

原因は、クレーン船のアームが架線を切断したことだった。

ロクデナシ日記

材料トレード時代を振り返る

株を始めた最初のころと今とでは、ずいぶんと株取引に対する考え方が変わったものだと思う。

一番変わったのは、材料に対する考え方だ。

最初のころは非常に材料を気にしていて、好材料株をいつも探していた。企業合併の話が出たときなど、白夜書房の編集ソボガを相手に、ことの進展と株価の予想をアツく語ったものだ。今考えると非常に恥ずかしい。バラエティ番組でアイドル時代のヘタな歌を流された女優のような心境だ。

あんな考えで本気で勝てると思っていたとは。あんなやり方に、本当に自分の金を賭けていたとは。

何ごとにも理由や意味を求めるのが人間だ。星の並びや手のシワにまで意味づけをしてしまう。だから株価の動きに何か理由があるのだろうと考えるのはごく普通だ。

セガの統合に踊らされる

4月17日
なにー!? ナムコがセガに合併を持ち掛けた――!?
うわっセガストップ高だ!! 買わなきゃ!!
セガ736円S
カチャカチャ
またセガ買うのかい あんたもこりないね
だって今度こそ本物かもしれないじゃないか!!

もちろん、値動きに理由はある。あるのだが、取引に利用するのはとても難しい。ある材料が株価にどのくらい、いつまで影響するのか、といったことはそう簡単には分からない。株を始めたころは、株価が動くのにも理由があったほうが安心できたが、今となっては値動きの意味をあれこれと考えないほうがむしろ安心だ。

恐ろしいのは、本で読んだような投資手法を、特に検証もせず使っていたことだ。

材料にせよチャートにせよ「勝てる」とされる手法は数多く発表されている。そのなかでどれが本当に使えるのかは、検証作業をしなければ分からない。

しかし、大半の手法は検証不可能なほど複雑で

システムは「検証」できるのが利点

あいまいだ。実践を積み、経験を通して学ぶしかない。それにはものすごい時間と金がかかる。

システムトレードは、検証可能なようにルールを単純化する。それでも検証作業には大変な時間がかかるが、実践で学ぶよりはずっと早いし、正確だ。

以前と今とでは、今のほうがはるかに単純な手法でトレードしている。剣の道を究めていくにしたがって、どんどん無駄な動きがなくなっていくような感じか。儲けている人が意外と簡単な方法でやっているらしいとは本で読んでいたが、本当だった。

結論として、やはり本は読んでおいたほうがいい。

2006年9月
夢の「100万円」
うっしゃっしゃっしゃっしゃっ いよいよ単行本発売です!!
勝ってください!! 大勝ちしてください!!
勝たないと家族を××××しますよ!!
冗談にもそういうこと言うな
冗談だったらどんなにいいでしょう
……やめろ…… 「うしゃしゃ」と笑わないソボガは本気でコワい…
まあがんばる
ってもやることはシステムで決まってるんでがんばる余地もないんだけど
相場は順調に上げてきてる
その流れに乗れるかどうかだな

9/1 −23,539円
9/4 −17,784円
乗れてないし
しかし節を抜けて相場は上げを加速しそうだ
今日は買いをいくつも仕込んだからー
TOPIX 9/4
加速しないし
9/5 +33,655円
9/6 +18,872円
9/7 −20,604円
TOPIX
ストーン
しかしなー習慣でどうしてもチャート読みしちゃうなー
取引には全然使ってないのに
まあいいか単行本のなかでもちょっとチャートの解説記事書くし
うっしゃっしゃっ収支もTOPIXもマイナスじゃないですか!!どうしてくれるんですか!?
うっしゃっしゃっしゃっ
TOPIXのことまで怒られても…
はやくTOPIXを上げてください!!株への関心が薄れて本が売れないじゃないですか!!
うっしゃっしゃっしゃっ
そんなことできたらこんなとこにいねーよ!!

それよりも単行本の書き下ろし原稿はどうなってますか!?はやく上げてください!!
やってるよ!!
マンガ6Pプラス4コマ4本それに解説記事が17本もあるんだぞ!!
やってもやっても終わんねーよ!!
それで数百円てすげーお得じゃないですか!!
そこまでお得にしないとあなたの本なんて売れないんですよ!!
本当にお得だよ!!
この本のとおりにやれば本の値段の1000倍は稼げるもんな!!
9/8
+56,487円
稼げた——!!
この瞬間去年の11月からたった10カ月強で年収支が
100万円を突破した——!!

そんなことよりもTOP－Xをはやくプラスに!!

そんなことよりもって…1000万円だぞ1000万円!!

うっしゃっしゃっ
パチンコ時代どうしても到達できなかった1000万円!!

夢の「年1000万円」にとうとうオレは!!

しかし相場が…

うっしゃっしゃっしゃっ
相場が上がろうが下がろうが勝てるっつーのが
今度の単行本のコンセプトだろうが!!

そうですね!!ライブドアショックや村上ショックでも無キズだったっていうハイライト部分の原稿はまだですか!?

もう少し待ってくれるとうれしいな!!

うっしゃっしゃっしゃっしゃっ
それじゃあ最大のポイント「坂本システム大公開」の原稿は!?

それはもっとあとだよ!!

うっしゃっしゃっしゃっ

てゆーか
そこだけ読んでも
ダメで
やっぱり
買って
全体を読まないと
うまくいかないよ!!
ほう
そうすれば
誰でも
100万円
勝てると!?
うっしゃっしゃっしゃっ
まあ
そうだね!!
いずれは
そうなって
いくだろうね!!
そりゃ
すごい!!
うっしゃっ しゃっ しゃっ
ランランラン!!ランラン!!
ばっ
ホワッチャ〜
ちゃっ
…つって
渾身の書き下ろしを
書いてるうちに
9/14 −16,238円
9/15 −16,035円
9/19 −14,524円
9/20 −1,818円
9/21 −7,032円
9/22 −4,845円
9/22 −1,682円
地味に
7連敗…
9/25
+33,507円
ぷほー
これであと3日
シノげれば
今月プラスだ…

どっすん
9/27
-77273円
シノゲないし…
順調に下げてたのにいきなり上がんだもん
あーあ9月は相場も収支もマイナス!! そしてどうしてこのコマこんなに大きく描くんですか!! 印象悪いじゃないですか!!
うっしゃっしゃっしゃっしゃっしゃっ
うるせー!! 今月は行って来いですげー難しい相場だったんだよ!!
負けたっつってても2万円だし!! ここんとこずっと負けても1~3万円 勝つときは10万円以上って感じになってんだよ!!
しかも7割の月で勝ってる!!
こんなのシステムがなかったら無理だったったね!!
ほう!! じゃあやっぱり本書を読むしか!!
実戦株入門
奥様ネタの爆笑4コマも載ってますし!! よかったよかった!!
うっしゃっしゃ
ばっ
なーに4コマって!! 見せて!!
ダメダメ!! 一生見せない!!
2006年9月末
総資産
5,812,785円
元本増加率
＋29.17%
月収支
－22,761円
(－0.39%)

2006年9月の日経平均と主な出来事

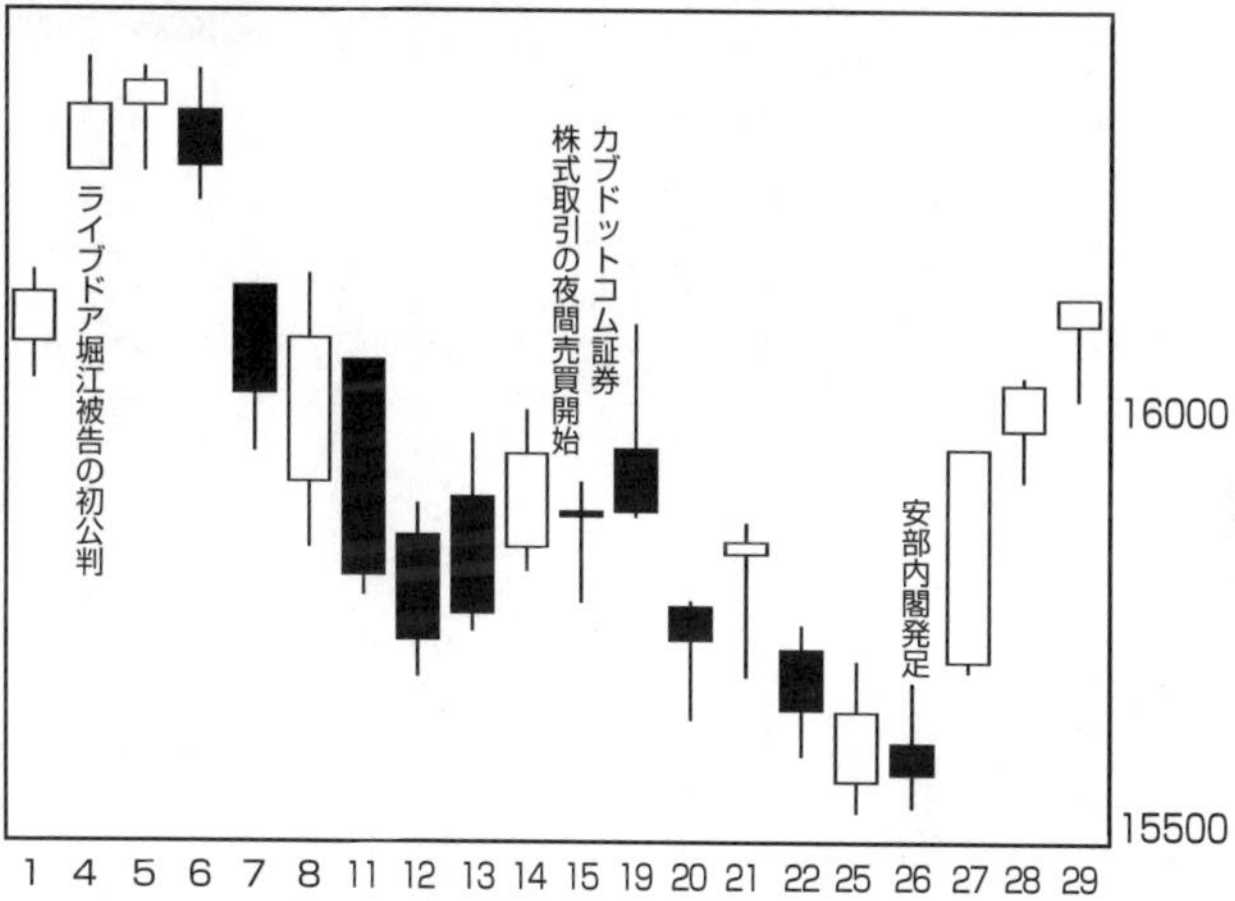

ＴＯＰＩＸ（Tokyo stock Price IndeX）　東証株価指数のこと。「日経平均」と並び日本の株式市場の動向を表す重要な指標。これが上がれば株価は全体的に上げているし、下がれば全体的に下げていることになる。日経平均が日本を代表する225銘柄を対象とするのに対し、ＴＯＰＩＸは東証1部上場の全銘柄が対象。現在の東証1部の時価総額（株価にその発行済株式数を乗じたもの）合計を基準日（1968年1月4日）の時価総額合計で割って、100を掛けて計算する。

行って来い　いったん上昇や下落した株価が、元の価格付近に戻ること。1日などの短期間での変動の場合もあれば、それよりも長い期間での変動の場合もある。

単行本　本書のオリジナル。白夜書房から2006年10月に『坂本タクマの実戦株入門』として発刊。

ロクデナシ日記

長期投資のシステムトレーダー

松坂大輔が100億円の男になった。ボストン・レッドソックスは、この野球選手のために、新興銘柄ならひとつの会社の株を全部買えるくらいの金をつぎ込んだ。

松坂の活躍にももちろん期待しているが、それよりもオレが注目しているのはレッドソックスのオーナーのほうだ。筆頭オーナーのジョン・ヘンリー氏は、アメリカでは有名な投資家だ。個人投資家としてわずかな資金でトレードを始め、大成功して大リーグの球団を所有するほどの大富豪になった。

彼の存在がオレにとって励みになるのは、なんといっても彼が純粋なシステムトレーダーであることだ。彼は18～19世紀の文献にまで当たって先物などの過去の値動きを調べ、システムの検証をしたそうだ。

ただし、オレがやっているような短期売買ではなく、数週間から数カ月の、比較的長期のトレンドに乗る戦略が柱とのことだ。将来は長期投資もやってみたいと思って

自分でデータ検証することが自信につながる

いるオレには、長期のシステムトレーダーの成功例は大変参考になる。長期でも、ファンダメンタルズを一切考慮せずに大金持ちになれるというのはとても心強い。

ただし、長期の場合はどうしてもドローダウンが大きくなる。そこでヘンリー氏は、世界中の多くのマーケットに分散投資している。それには大きな資本と人手がいるのですぐには真似できないが、その根底にある理論はそう難しいものではないだろう。いずれ自分でも探り出せそうな気がする。

いくら優秀なスタッフを雇い、国際分散投資をしていても、大きなドローダウンはやはりある。それに耐える精神力があったからこそ、今の成功があるのだろう。

彼によれば、そういう精神的な強さは、自分のシステムに対する自信から来ている。18世紀のデータまで調べているのだから、それ以上の自信のつけ方はない。せいぜい20数年分のデータを検証したくらいで、やった気になっているオレはまだ甘いのか。

大リーグのオーナーは無理でも、パ・リーグの球団くらいならオレにも買える日が来るかもしれない。「坂本イーグルス」か。悪くない。

なお、参考文献は『トレンドフォロー入門』(マイケル・コベル著、パンローリング刊)だ。

ジョン・ヘンリーがいかにしてボストン・レッドソックスを買えるほどの資産を築いたのか、そのほか海外で有名なトレーダーたちは、いかにして上げ相場でも下げ相場でも一貫して大きな利益を上げているのか。その答えはトレンドフォロー、つまり順張りにあるという。

興味のある方は一読してみるのもよいだろう。

10月18日 上野
ガタンゴトン ガタン
翌19日
ゴ
あのねソボガっ 昨日の「東京駅は高いから上野で」っていってとってくれたホテルすごくおもしろかったよ!!
朝食はパンを1階で受け取って2階のトースターで自分で焼いて食べるシステムでねっ
よかったですね
やあこんにちは
岐阜鳥羽
お疲れ様です名波先生!!
ばっ
お久しぶりです名波さん
証券マン時代お客さんに勧める株は適ト…いえ…会社の都合で決められることが多かったですね
客に勝たせてる営業マンなんか一人もいませんでしたよ そういう時代でした
ついに実現!! 単行本発売記念 名波誠・坂本タクマ株対談!!
株やってんのが今でよかったです
2006年10月
4年目決算発表

ナカムラ君 セガサミー持ってるんだっけ？ 今日下がってるよ
え――――!? あり得ませんよ!!
やっぱこれからはソニーですよ
ゲームショーでPS3見たんですよ
あれはすごいです!! 絶対天下とりますよ!!
そっか電池回収とか悪材料が出るだけ出ちゃったから…
底ですよ 底!!
ナカムラ…
新興株!
ぺちゃ
くちゃ
てめー オレの単行本にかかわったのにまだ材料で売買するか!! 40万円も損してまだコリねーのか!!
いや材料でもどのくらい織り込んでるのかとか読めれば大丈夫ですよ
読めなかったから損失補てん↓借金という道をたどったのでは？
つーかあんたも一株やってんだろ!? やってないフリして!?
うっしゃっしゃっしゃっ それ以上名波大先生に失礼なことを言うと…撃ちます

その日のうちに帰宅
プーッ
ふー滞在3時間観光ナシ
すべて白夜の予算の都合
おかえり——おみやげはー？
バターン
でも今日は4万の勝ち
仕掛けはあきらめてストップシグナルだけ仕込んでたんだけど何も出ず
結果的に仕掛けないほうがよかった
でこの日を挟んで7連勝!!
出るか20万円越えで月間最高益!?
10/16 +12,336円
10/17 +3,374円
10/18 +9,713円
10/19 +40,858円
10/20 +16,155円
10/23 +62,488円
10/24 +30,303円
ゴッスン
96,384円
出た…1日の最高損失…
惜しくも月最高は逃すがプラス19万円ならOKでしょ!!
以上大急ぎで10月の取引終了
今回はいろいろやることあって大変なの!!
さてそれでは——

坂本タクマ 第4期
(2005年11月～2006年10月)
株式取引売買収支報告

開始時総資産	4,869,507円
終了時総資産	6,007,226円
総収支	**+1,137,719円**
	(+23.36%)

確定損益

総利益	+3,638,383円
総損失	▲2,497,814円

はい4年目の決算～～～
見たこれ見た～～？

くいっ

ジャーンピー
ワー
年収100万越え・20%越え
資産600万円到達
㊗目標達成!! 10億ペース
サンキュー
サンキュー
ワーワー
ピーピー

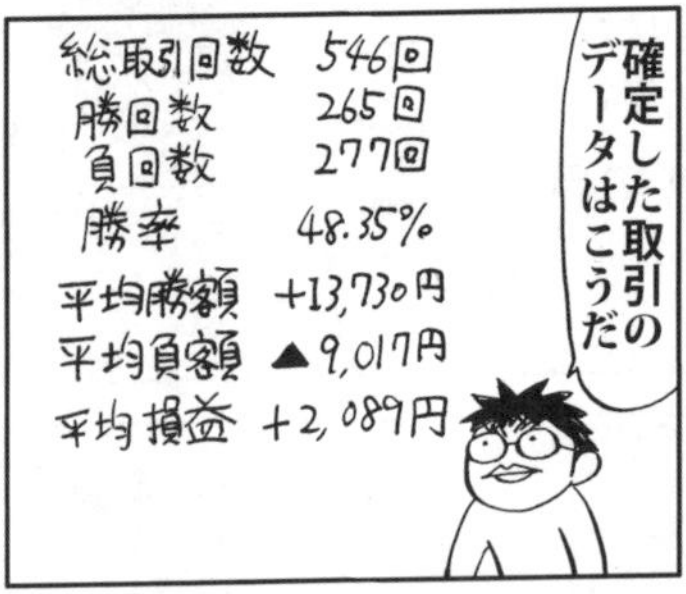
確定した取引のデータはこうだ
総取引回数 546回
勝回数 265回
負回数 277回
勝率 48.35%
平均勝額 +13,730円
平均負額 ▲9,017円
平均損益 +2,089円

1年で500回以上も取引してたんだな
そこにもシステムトレードの利点があらわれてる
裁量でこんだけやろうとしたらほかのこと何もできない

例によってTOPIXと比較してみると――
完全に勝利だね

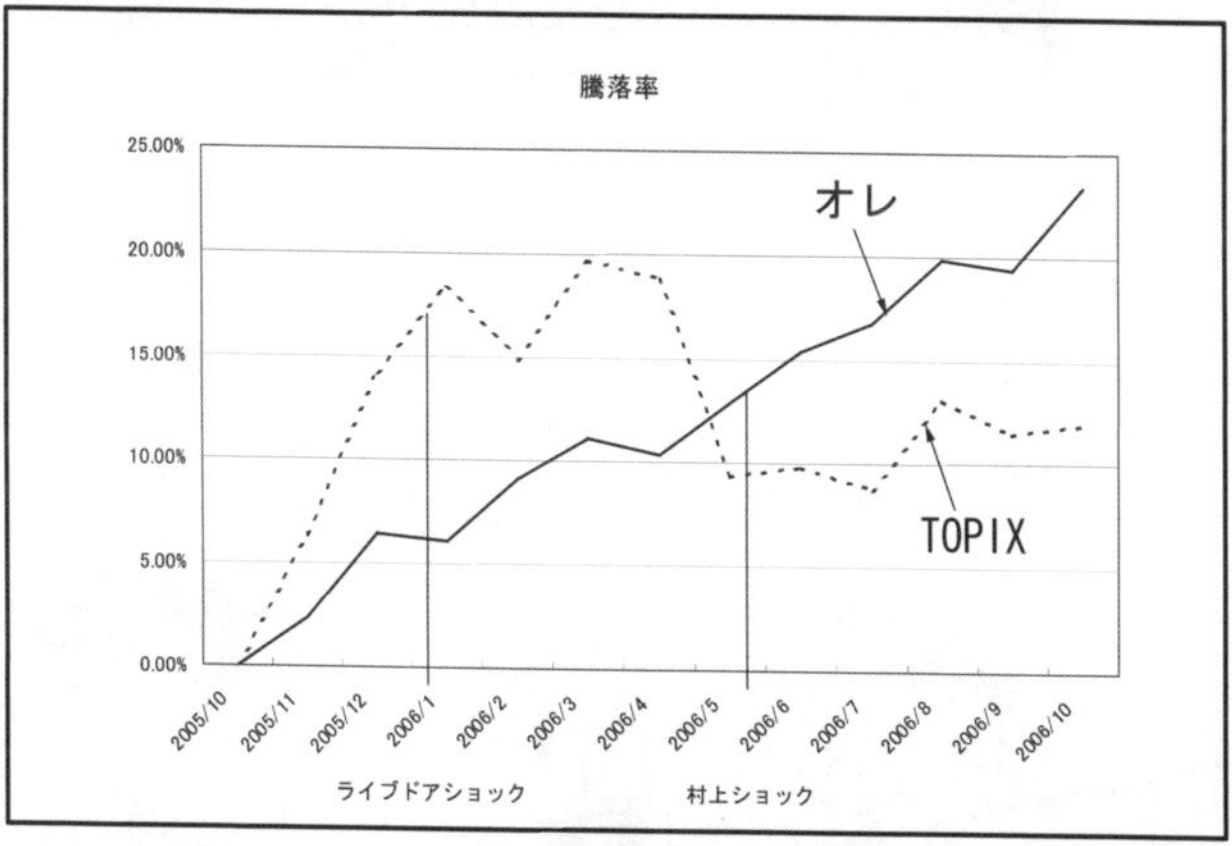
騰落率
25.00%
20.00%
15.00%
10.00%
5.00%
0.00%
2005/10
2005/11
2005/12
2006/1
2006/2
2006/3
2006/4
2006/5
2006/6
2006/7
2006/8
2006/9
2006/10
オレ
TOPIX
ライブドアショック
村上ショック

負けた月が3回あるがいずれも1～3万円台のマイナスでおさまってる
勝った月の平均はプラス13万円
申し分ない安定感だね
そういえば――
安定しすぎるのも漫画家としてどうなんですか坂本先生?
みたいなこと言われたな
いーの!!
バーンていって大損するほうがかえってベタなの!!

システムごとに見ると――

システム3	システム2	システム1
収支		
▲53,000円	+979,334円	+210,247円
1回平均		
▲1,962円	+3,871円	+793円
1回平均（%）		
▲0.29%	+0.63%	+0.22%

うーん 利益がシステム2に偏ってるな
まぁ それはそれで仕方ねーか…
それよりも前年あんなにショボ…いえ あの…アレだったのに今年だけ勝ってどういう取引をしてるんですか？
…あんた今に「うっしゃっしゃっしゃ」って笑うようになるな
この1年はアナリストや元証券マンが何と言おうと
絶対に自分で検証したルールにのみ従うとガチガチに決意を固めた1年だった
だからこそ利益が伸びたんだ!!
システムトレードにも「上達する」ってことがあるんだよ!!
2005-2006
2004-2005
はい「来年は30%」宣言いただきました―
いただきました―
うっしゃっしゃっしゃ
だっだだっ誰が言った――!!

2006年10月末
総資産
6,007,226円
元本増加率
+33.49%
月収支
+194,441円
（+3.35%）

2006年10月の日経平均と主な出来事

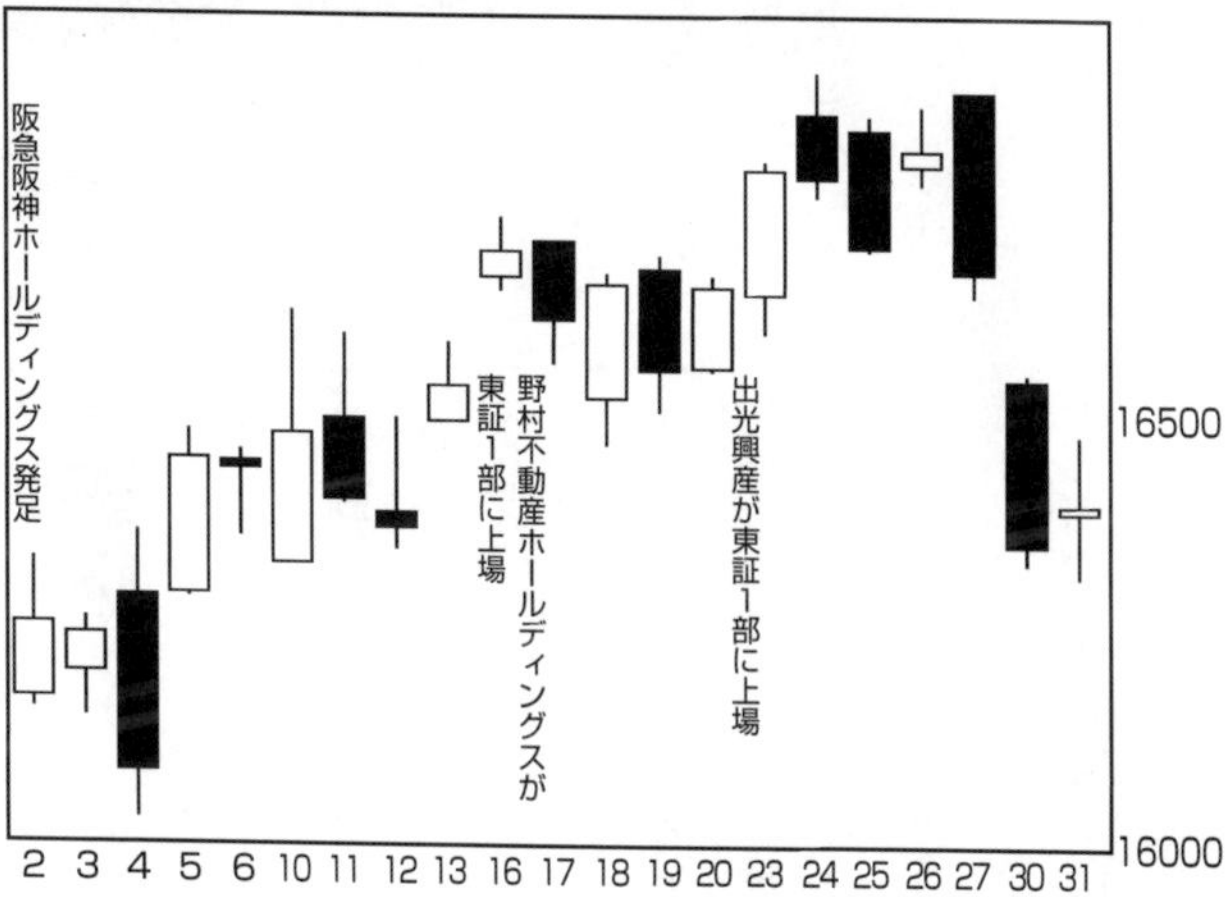

証券マン　証券会社の営業部員。顧客の注文を市場に取り次ぐのが主な業務。なるべくたくさん取引させて手数料を稼げと上司からはハッパをかけられ、客からは儲けさせないと取引をやめると脅される。この板挟みで、非常に苦しい立場だ。今は知らんが、昔はそうだった（以上、名波誠氏の話より構成）。

名波誠　元証券マン。損失補填で借金を作ったことをきっかけに、サラリーマン時代を含め総額647万円の負債を抱える。
　その後スロプロに転向し、すべての借金を返済。車で全国を放浪する常識外のスタイルがスロッターたちの共感を得る。パチスロパニック7』（白夜書房）誌で連載中。

電池回収　2006年10月19日、ソニーは同社製リチウムイオン電池を使用したノートPC用の電池パックの回収を発表。費用は約510億円とのこと。

ロクデナシ日記

日本株と米国株

日本株と米国株には連動性があると言われる。

今回は、それはなぜかということを考えてみる。「なぜなんですか、うっしゃっしゃっしゃ」としつこく聞くヤツがいるからだ。

ひとつには、アメリカと日本が経済的に「一心同体」の側面が大きいからだ。日本にとって、アメリカは最大の貿易相手国だ。日本の製品を一番たくさん買ってくれるのがアメリカだ。アメリカの景気が良くなると、日本も良くなるのではないか、と連想される。そこに株価の連動性が生まれる。

次に、日本の株式市場が、外国人投資家の参加がかなりの割合を占めることだ。その中心が米国系だ。米国株が上がると、それによって儲かった外国人からの資金が流れ込みやすい。逆に米国株が下がれば、外国人のリスク許容度が下がり、日本株への投資を控えることになる。

アメリカの株価と日本の株価は連動している

まずは米国市場のチェック
ダウ ↑
よし上がってる
アメリカ株が上がると日本株も上がるこれ常識

ただし、最近は、この連動性は薄れてきている。その一因には、中国の台頭があると思われる。世界経済において中国の存在感が増すにつれ、日米関係の重要性が低下したのではないか。

などと言ってはみたが、これらのことがどれだけ当たっているかは分からない。ファンダメンタリスト方面からは「違う!!」と言われるかもしれない。だが、違ったら何だというのだ。

相場で起きるあらゆる現象について、いちいち理由を考える必要はない。そんなヒマはないし、理由が分かったところで儲かるわけではない。分かれば多少安心できる、というだけのことだ。

その安心が、とても価値の高いものだという人は理由を追い求めるのもいいだろう。しかし、慣れればそんなものは要らなくなってくる。

例えば、医者の仕事ぶりが参考になる。

オレもときどき病院に行くが「なぜその病気になったか」という理由を追及する医者にはまず会わない。今の病状がどうであり、それに合った治療法はどれか、という選択をするだけだ。

たいていそれで治るし、そういうやり方でなければ、多くの患者を診ることはできない。

単行本がらみで日刊スポーツの取材を受ける
売買システム作りにはどのくらいお金かかってるんですか？
うっしゃっしゅっしゃっ
とにかく売れるように書いてくださいい!!
主にフリーソフトを使ってるのでほとんどかかってませんね
つーかなんでソボガがいる？
2006年11月
健康一番
「日刊スポーツ」をはじめ「コミックバンチ」（新潮社）で宣伝マンガ描かしてもらったり「smart」（宝島社）っつーオシャレな雑誌に書評が載ったりオレの単行本露出しまくりだ――!!
パパ！パパ！
と娘（1歳半）にも大好評!!
さらに「¥enSPA!」（扶桑社）にも掲載決定!!
smart
とうとうオレ
大ブレイクか――!?
もちろんこれは始まりにすぎないゴールはまだまだ先
とりあえず次にすべきことは――

20年ぶりに健康診断を受ける
男も女もいっしょにションベン持って並ばされるとは
はじめてのバリウム
甘い
はいゲップがまんして
投資で資産を築くには長い年月がかかる
ぐるん
ぐるん
だから健康が一番大事なんだよ!!
ちょっと!!口開けないで!!
やってるのは短期売買だがそのシステムはなるべく長く使いたい
いわば「システムへの長期投資」を目指している
しかし今ちょっとした問題が起きている
例えば
300円で5000株空売り損切りポイントが304円の銘柄なんだけど

現値 303

売数量	値段	買数量
2000	310	
1000	308	
3000	307	
4000	306	
3000	305	
	302	1000
	301	1000
	300	1000
	298	2000
	297	3000

この板の感じはヤバいな

現値 305

売数量	値段	買数量
3000	311	
2000	310	
1000	308	
3000	307	
4000	306	
	305	1000
	302	1000
	301	1000
	300	1000
	298	3000

ビゴン
ほら見ろ!!
損切り値の304円飛ばしていきなり305円になった!!

予定の値段で損切り注文!!
ビゴッ
誰か売ってくれ〜
現値 305
売数量 値段 買数量
3000 311
2000 310
1000 308
3000 307
4000 306
305 1000
304 5000
302 1000
301 1000
300 3000
あっ
ズゴゴン
オレの注文を見て上がっちまった!!
現値 306
売数量 値段 買数量
3000 311
2000 310
2000 309
1000 308
3000 307
306 1000
305 3000
304 5000
302 1000
300 1000
ふー306円に指値を上げて何とか手仕舞えた
でも予定よりも2円も上…5000株だから1万円も余計に損したわけだ
このような予定の値段と実際に売買した値段のズレを「スリッページ」という
Slippage
システムトレードの大敵だ
2005年の出来高が多かったときはあまりなかったが…
ここんとこ出来高もやや減って板が薄くなってるし
自分の資金も大きくなって発注する株数も多くなりそれが板に影響してさらにズレる…
1回の取引で"大当たり1回分"以上のスリッページがしばしば発生してるからにはほっとくとエラいことになる
対処法はだいたい3つ――
びじゃ〜

スリッページへの対処法
① 1取引ごとのリスク率を下げる
②新システムを導入しそちらに資金を回す
③口座から金を引き出す
要は1取引の株数を小さくして板への影響を抑えればいいんだ
まあ③は論外として——
一番いいのは新システムを開発することだ
資産を分散する意味でもな
11/1 −4,839円
11/2 +14,872円
11/6 +11,806円
11/7 −946円
11/8 +30,670円
11/9 +26,099円
でもなんかタルいんだよねー 一応勝ってるし…
11/10 −67,263円
11/13 +45,408円
11/14 −69,362円
どがっ どがっ
あだっ あだっ
−60,000
−60,000
こーりゃヤバい!! こーりゃヤバいぞ!!
はやく開発しなきゃ!!
カタ カタ カタ カタ
試験が終わってから勉強する例のアレです
うーむ…
なるべくスリッページが少なくなるように取引量の多い大型株で機能するようなルールをさがしてるんだが…なかなかいいのができない…
まあせんなくてもいっかー ボチボチやってけば…
11/15 −12,737円
11/16 +5,031円
11/17 +3,486円
11/20 +88,159円
11/21 +55,686円
ぽや〜〜ん
なんだかんだで資産は最高点を越えてんだし…

どぼ――ん
初の1日マイナス10万越え!!
11/22 −115,686円
ついに来たか…
110,000
ニャ～～～～!!これもーはやく新システム完成させてリスク分散させなきゃニャ～～
ガガガガガ
ガガガガ
試合に負けてから練習する例のアレです
くっそー大型株め～～
なんでこうもシブいのか!!
一応期待値プラスっぽいのもできてはいるが…
利幅が小さくて全然使い物にならない!!
今のように中小型株中心だと将来きっと行き詰まる
だから大型株の攻略はぜひとも必要なのだ
しかし短期でも長期でもいい感じになってこない
しょうがない時間かせぎをしよう
システム2の1回あたりのリスク率を下げる
そうすっとスリッページは減るだろう
その代わりウォッチリストを10銘柄増やして利益を減らさないように――

うんたしかに時間稼ぎはできている
この間になんとか新システムを……
む？
くっくくく
ふっふふっふっふふっふっ
はーっはっはっはやっと来た──!!
わははははははは
こいつぁ使えるぞ──!!
利益率こそ今使ってるのにおよばないが
スリッページが少ないことを考えれば十分使いものになる!!
11月はマイナス50000円だが
このシステムのメドがついただけでもものすごい前進だ!!
つーか6万2回10万1回負けてマイナス50000円て
ほとんど勝ったも同然だっつーの!!
つ──の!!
ばっぼん
ばっぼん
はいこれ
ん？郵便か
健康診断結果
中性脂肪
409mg/dl
異常
太りぎみ
総合判定
C2 要医療
2006年11月末
総資産
6,001,464円
元本増加率
＋33.37%
月収支
－5,766円
(－0.10%)

2006年11月の日経平均と主な出来事

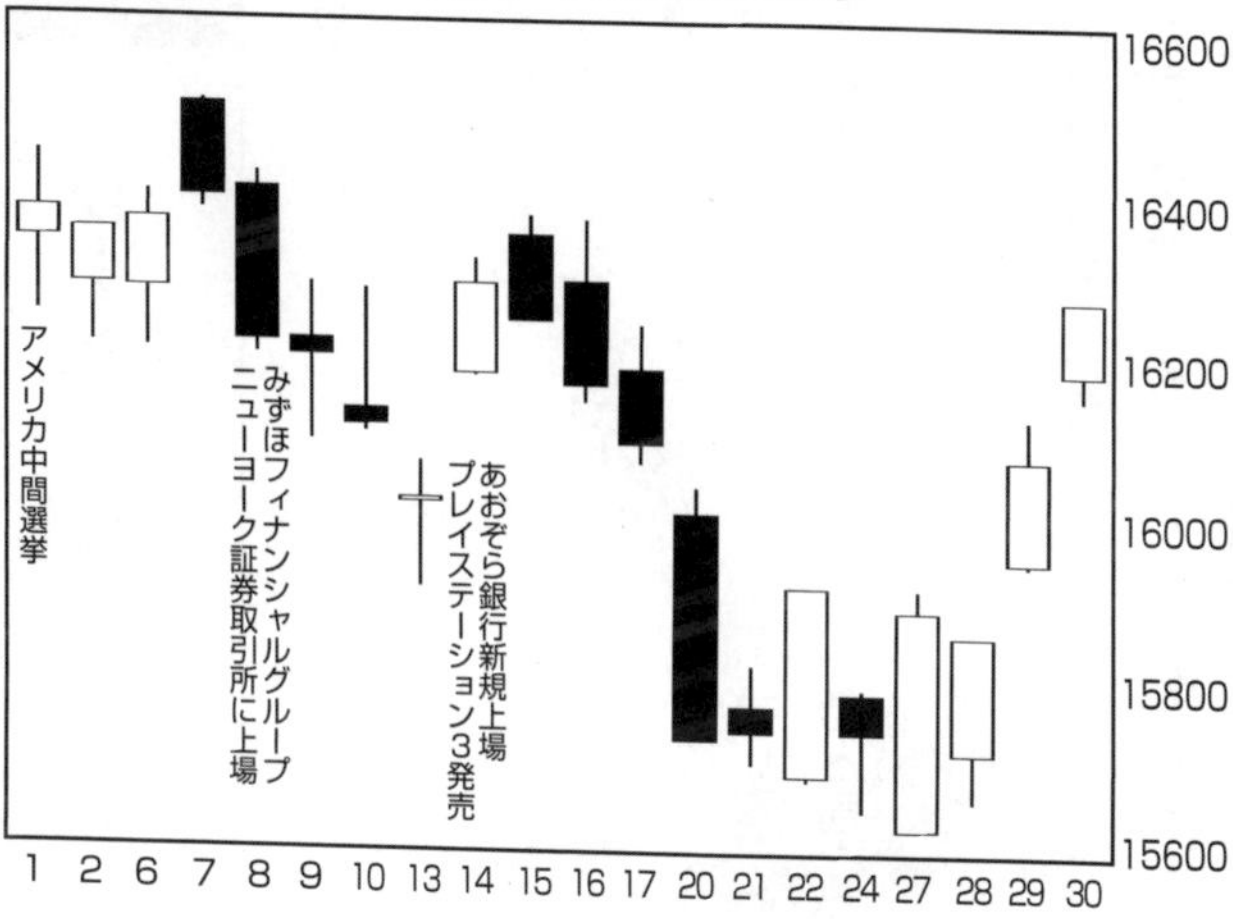

アナリスト　分析をする人。証券会社が出す「アナリストレポート」を書く人。

　分析する分野や方法はさまざま。ファンダメンタルズ分析を駆使して特定の業種を分析する人や、テクニカル指標を「全部」熟知して株価予想を行う人など、そのタイプはアナリストの数だけあると言ってもいいだろう。

　今までさんざん悪口を言ってきたが、本当は良い人たちだ。市場予想さえしなければ。

スリッページ　理想とする約定値と実際の約定値との差額。

　シミュレーション上では理想的な価格で売買できる。しかし、実際には想定していない不利な価格で注文がとおるため、差が出てくる。

　通常、流動性が低い相場ほど拡大する傾向にある。

ロクデナシ日記

トレードとダイエット

20年ぶりに受けた健康診断で「異常有り」と判定されたオレだ。中性脂肪が409mg／dlもある。ちなみに正常値は299以下だ。

そのほかにも、一応セーフではあるものの正常値外の項目がいくつもある。1日で11万円の損失を食らった以上に重大な事態と受けとめている。

要するに、ダイエットが必要だということだ。腹の周りの肉を落とせと。ここはひとつ、相場で培ったノウハウを生かして、やってやろうではないか。

トレードとダイエットは似ていると前々から言われている。共通点を列挙してみると――

●大半の人が失敗する

●さまざまな方法を試してみるが、うまくいかない

異常ありと判定されたオレ

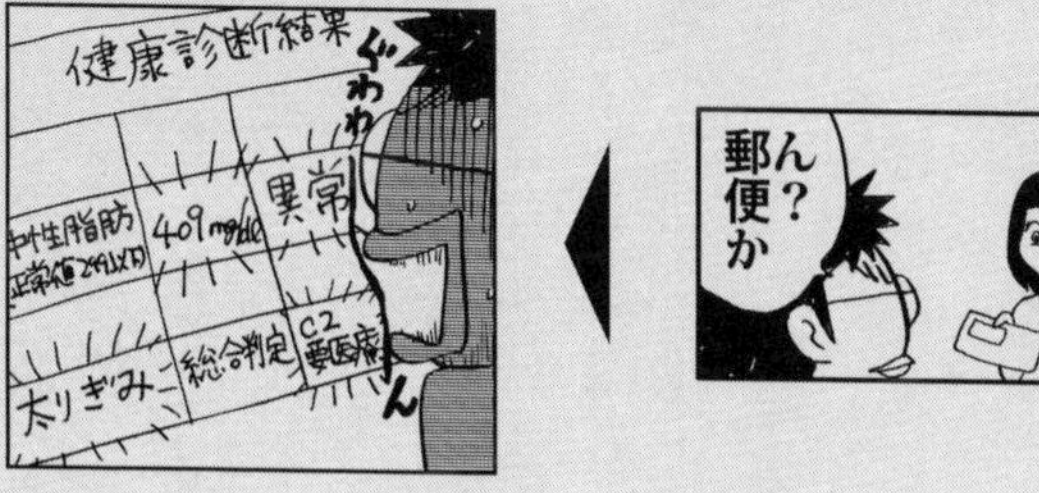

●うまくいく方法は人それぞれ
●短期間で大成功した人の多くは、短期間で原点に戻ってしまい、さらにもとよりも悪くなる
●記録をつけるだけで、かなり成績が良くなる
●科学的な方法が比較的近道
●人間の本能や欲望の逆をしなければならない
●結局、精神論に行きつく

これだけ共通点が多いと、もはやトレードとダイエットは同じことだと言ってもいい。この先オレがトレードで大成功できるかどうかは、ダイエットに成功するかどうかで決まる。

トレードでは「損は切って利は伸ばせ」ができているのだから「食を抑えて運動を多くする」ことくらい、たやすくできるはずだ。

記録はすでにつけ始めており、成果も出てきている。見える。完全な健康体になったオレの姿が見える。

ただ、トレードとダイエットには重大な違いがひとつある。それは、トレードが「増やす」ものであるのに対して、ダイエットが「減らす」ものであることだ。

トレードで損切りすることは普通の人間心理に反する苦しいことだが、トレードそのものの目的は金を増やすという人間の欲望に忠実なものだ。

一方ダイエットは、体重を減らすというその目的からして、人間の本能に逆らっているフシがある。そこに大きな壁が……。

などと理屈をこねるよりも、まずはトレードとシステムの検証で一日中パソコンにへばりついている生活を改めねばなるまい。

こーやって
こーやって
脂肪を落とすんだ!!
こーやって
こーやって
体重減ってるの？
ザッ
ザッ
ムシャ
ムシャ
バグバグ
ズズー!!
……まあね…
甘いものや
脂っこいものをひかえてるからね
トレードの収支は右肩上がり
体重は右肩下がり
人生に死角ナシだぜ――!!
2006年12月
パソコンは賢い
さて先月開発した新売買システムを使ってますます儲けようという計画だが
それにはまだ準備がいる
システムを4つも使うとさすがに日々の手間がデカくなる
システム2の銘柄リストを増やしたところだし
だからいろんなことを自動化しなきゃなんない

いままではこういう流れだった
=仕込みの手順=
WWW
1. ネットから株価を取得
2. シグナルを計算しファイルに書き出す
3. そのファイルを見ながらオレが手でシグナルを証券会社の売買ツールに入力
ここんとこがね手動でものすごくメンドーなわけ!!
なんかキーボード操作を自動化するソフトがフリーであったような……
あったあった
ほースクリプトを読んで動くのか
そのスクリプトを吐くスクリプトを書いてやればいいんだな
あれ？
あっというまにできたけど？
ばばばばっばっばっ
わははは こりゃラクだ もっとはやくやりゃよかった
どうやらプログラミングの腕がだいぶ上がってるようだな
ガチャコン
ガチャコン
こらあもしかして発注も自動化して「無人売買」も夢じゃないか？
まあそれはハードルが高いんでまだ先のこと
とにかく今はシステム4のシグナル生成プログラムをやろう

システム1や2用のプログラムをちょっと書き直せば……
ゲェ〜〜〜ごちゃごちゃしててそもそもどんな処理してんだか分かんねぇ
ソースコードをきちんと整理してからでないと無理だな
そんなことするヒマがあったら大掃除手伝ってよ!!
つーかすげー行き当たりばったりなコード書いてんなー
今のオレなら絶対こんな書き方しねーよ
def toriaezu
d=Yattsuke.s
d.oitoite
e=GoriGori
直すのもひと苦労だ
うっしゃっしゃっしゃっしゃっしゃっ
誰が「実践プログラミング漫画」を描けと言いました?
トレードはどうしたんですか!?
やってるよやってないわけねーだろっ
ここんとこ相場がやけに強い
それになんとかついてってる感じだ
12/1 −25,239円
12/4 +52,017円
12/5 +24,254円
12/6 −8,691円
12/7 −2,568円
12/8 +20,150円
12/11 +16,551円
12/2 −4,423円
12/13 −7,188円
12/14 +14,518円
12/15 +28,150円
ここまで +73,399円
12/18 −46,342円
12/19 −4,236円
12/20 +59,197円
12/21 +18,982円
ここまで +101,010円
よーしなんとか10万まできたこのままいってくれ〜

もう!!
何してんの!?
年賀状は!?
あー?
んなこと
やってらんねーよ
自分でやれよ
ノートパソコン
あるだろ
パソコンやると
横っ腹痛くなるの!!
マラソン
かよ
毎年毎年
かったりー
なー
あっ
いいこと
思い
ついた
ババーーーン
2007
迎春
板本タクマの
実戦株入門
宣伝入れて
やれ
さて
印刷印刷
ほんと
コンピュータ
は便利だねー
そうだ
その前に
プリンタ
ドライバの
バージョン
アップ
しとくか
ドライバ ダウンロード
あれ?
なんか動かなく
なったぞ
ドライバ更新中
プリンターの自動検出
あっ?
シグナル
出た!!
ジャーン
ジャーン
ジャーーン
ちょっと!!
はやく終わって!!
注文出せ
ないんだけど!!
ばんっ
ばんっ

あっ やっと動いた!!
あ— 値段上がっちゃってる!! 買い逃した!!
うわうわうわ なんだ この上がり方
550 551 552 553 554 556 56
……今買うか?
バカ言ってんな!!
それじゃシステムの意味がないじゃないか!!
ポカポカポカ
ボガボグ
その株はその後も上がり続け6万の儲けそこない
アツくない!! アツくないぞ!!
こういうことは想定されるリスクだ
いちいちアツがってもしょうがない
あっかたい!!! あっかたい!!
翌日
ん— 今日は値動きが少ないなー
つーかさ 全然1円も動いてないよねー さっきから
しーん

え――!?
なんじゃそりゃー!?
緊急連絡
株価データ配信会社のトラブルにより現在株価ボードが動いておりません
ほかの証券会社のボードは動いてる…
そっちにシグナルを仕込みなおすか?
でもなーそれだと手入力なんだよなー今さらめんどーだよなー
すぐ復旧するかもしれないしさーいや復旧するでしょこんなの
大引けまで復旧せず
止まってる間にシグナルが出なかったか確かめないの?
見るか!!出てたらアツいだろーが!!
トラブった会社を責めてもしょうがない
別の会社用の入力自動化プログラムも作っとかなかったオレが悪いのさ
そうやって何でもかんでもコンピュータに頼ってるから一時プラス10万あった月収支がほぼチャラというショボい結果に終わったんですよ!!
うしゃっしゃっしゃっしゃっ
違うもん!!パソコンはかしこいもん!!
ちょっと!!何あの年賀状~~!!
やっぱパソコンのほうがよっぽどいうことききくよ
ドザーン
2006年12月末
総資産
6,006,106円
元本増加率
＋33.47%
月収支
＋4,642円
(＋0.08%)

2006年12月の日経平均と主な出来事

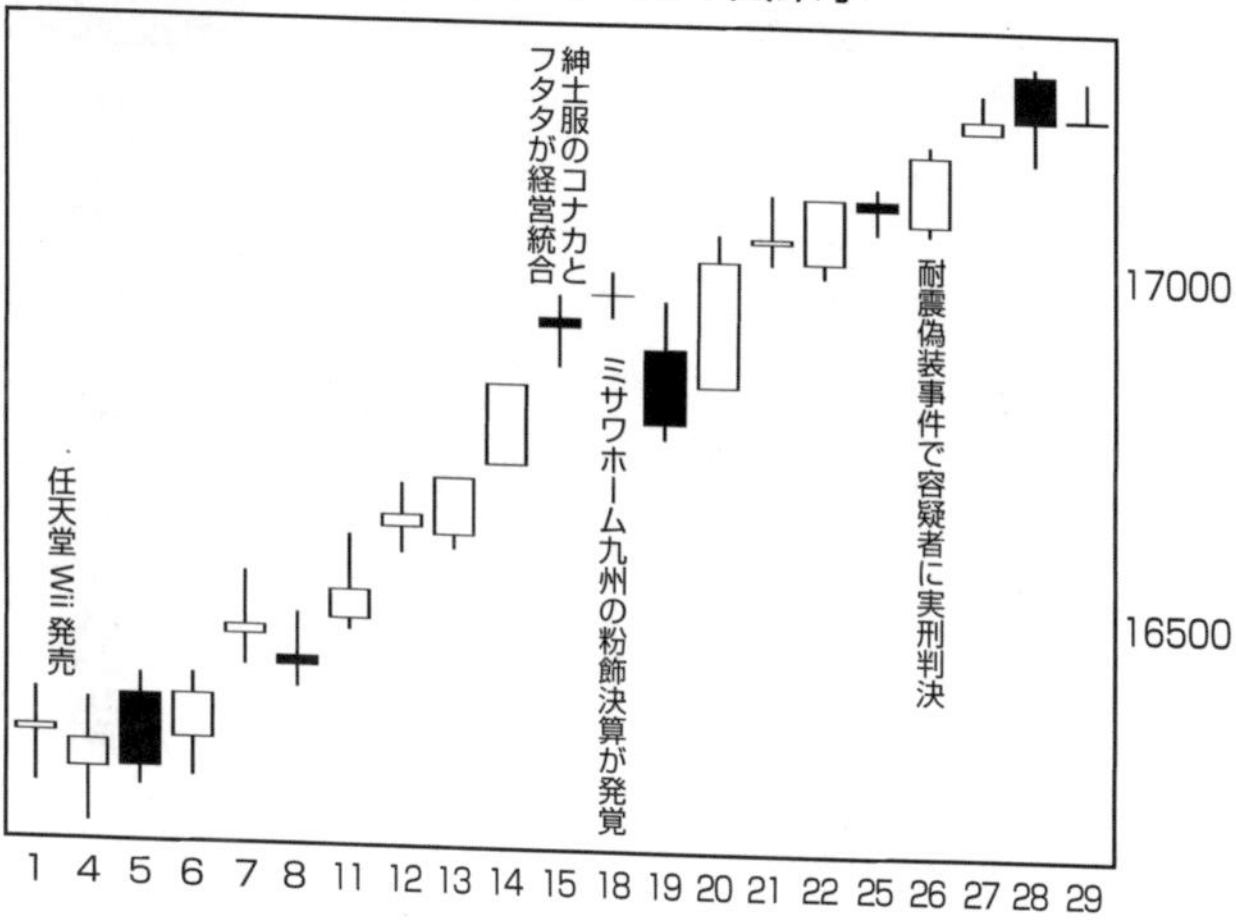

ストップ　現在のポジションに対する予定の仕切値。

通常、現在の値段より悪い方向に行った場合の「滑り止め」的な意味を持つ。株を買うときに最初に決める損切り値が代表的なストップだ。また、利が乗ってくればストップを買値に近づけていき、ついには買値よりも上にまで動かして利食いの値段に昇格させることもできる。こういうやり方を「トレイリングストップ」という。

逆に、最初から仕掛けた値段より有利なポイントに仕切値を置く「目標株価」というものを使うこともできる。

もちろん両方使うこともできる。目標に到達したら利食い、ストップに掛かったら損切るのだ。いずれにせよ、何らかのストップは常に置くべきだというのが一般的なトレードの定石だ。

なお、「ストップ高」とか「ストップ安」というのは、取引所が定めている値幅制限のことで、まったく別物だ。

Point 6

坂本システム大公開

3つのシステムを同時に使うことで、市場環境がどうなろうと確実に勝てるトレードが可能となる。本人いわく「本当は公開したくなかった……」。

さあ、いよいよ嫌な時間がやってきた。売買システムの例として、オレが実際に使っているものを公開する。開発の参考にするがいい。

オレは現在3つのシステムを使ってトレードしている。それぞれについて説明する。

●システム1

まず、システム1はギャップシステムだ。いわゆる「窓埋め」の力を利用している。一応逆張りということになるが、移動平均の方向フィルターによって短期的なトレンドに沿って仕掛けることになる。

システム別ポイント一覧

システム1	システム2	システム3
特徴		
ギャップシステム。大きくは勝てないが、安定性がある。	ブレイクアウトシステム。短期回転売買。天井や底にも比較的ついていく。平坦な相場に弱い。	移動平均の陽転で買う。比較的長く持つことになる。まだ未完成。
仕掛け		
前日終値よりも、寄り付きで前日の値幅以上上げたら買い、下げたら売り。	過去4日の高値を上抜いたら買い、過去4日の安値を下抜いたら売り。	90日移動平均が下向きから上向きに転じた日の翌日の寄り付きで買う。仕掛けは買いのみ。
手仕舞い		
・仕掛け値から前日の値幅以上逆に動いたら損切り。 ・その日の大引けで手仕舞い。	過去4日の高値と安値の中間をストップに。日々変更する。買いなら上げていき、売りなら下げていく。	40日移動平均が上向きから下向きに転じたら翌日の寄り付きで売る。ストップは、40日ATRの10倍に固定。
フィルター		
10日移動平均の方向が上向きなら買いから、下向きなら売りからのみ仕掛ける。	16日移動平均の方向が上向きなら買いから、下向きなら売りからのみ仕掛ける。	40日移動平均が上向きのときのみ買う。
実績		
勝率 53.06% **一回平均損益率** 0.22% **総損益** ＋44万5994円	**勝率** 45.78% **一回平均損益率** 0.66% **総損益** ＋75万6426円	**勝率** 15% **一回平均損益率** －2.19% **総損益** －3万6880円

●システム2

2番目のシステムは、ブレイクアウトだ。高値安値の期間を4日と短くしていることで、かなりの短期売買になっている。

これも、移動平均フィルターを使っている。あくまで過去データでのシミュレーションの結果だが、オレが始めたのと同じ160万円の元手で、10年で10億円というパフォーマンスが出ている。実際使い始めてから1年で40%以上の利益をあげていて、3つのシステムのなかでも稼ぎ頭だ。

●システム3

3番目は、移動平均の方向が変わったときに仕掛けるものだ。シミュレーション上では買いから入ったときのみ機能するものとなっている。トレンド転換をとらえる試みで、なかなか難しい。まだ利益は出ていない。さらなる研究が必要だ。

なお、銘柄選びだが、これらのシステムはいずれも小型株のほうがよく機能するようだ。今後、金が増えると小型株では流動性が足りず苦労しそうなので、大型株に対応できるようバージョンアップが必要かもしれない。

これらのシステムは、あくまで例として挙げたものだ。実際読者がこれを使って儲けられるかは疑問だ。

大体、みなさんはオレのことをうさんくさく思っているに違いない。だから、ドローダウンの最中にものすごく疑心暗鬼になることだろう。なるべくなら自分で検証していただきたい。

また、好みに合わせて、パラメータを変えたり、フィルターやストップを足したり引いたりしてもよいだろう。それでうまくいったら、ぜひともそれをオレに教えていただきたい。

さて、こうして公開したことで、オレのシステムはどうなることだろう。機能しなくなるのかどうか、怖いところだ。

まあこれもひとつの実験だ。ダメになったらなったで、また新しいものを作ればいい。最近はそう前向きに考えている。

タクマvsTOPIX増減率比較(2006年1月〜12月)

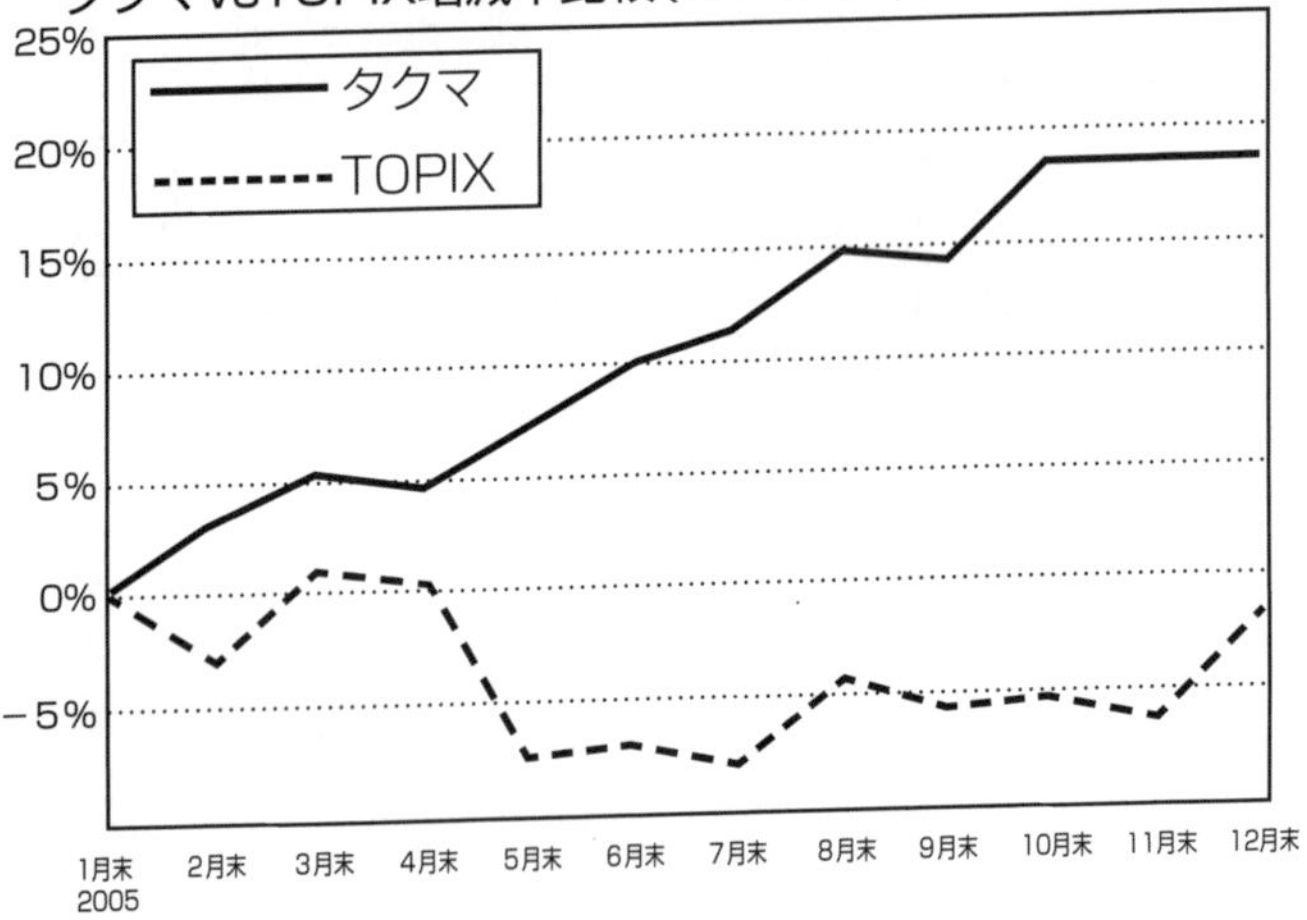

日付	元金	合計	元金増減額	前月比	月騰落率
2006年1月	450万円	5,167,060	667,060	-15,774	-0.30%
2月末	450万円	5,315,006	815,006	147,946	2.86%
3月末	450万円	5,410,942	910,942	95,936	1.81%
4月末	450万円	5,372,982	872,982	-37,960	-0.70%
5月末	450万円	5,498,920	998,920	125,938	2.34%
6月末	450万円	5,617,585	1,117,585	118,665	2.16%
7月末	450万円	5,685,682	1,185,682	68,097	1.21%
8月末	450万円	5,835,546	1,335,546	149,864	2.64%
9月末	450万円	5,812,785	1,312,785	-22,761	-0.39%
10月末	450万円	6,007,230	1,507,230	194,445	3.35%
11月末	450万円	6,001,464	1,501,464	-5,766	-0.10%
12月末	450万円	6,006,106	1,506,106	4,642	0.08%

あとがき

前巻の冒頭に出てきた男を覚えておいでだろうか。株をはじめて2カ月かそこらで投資資産の20％を失った、と顔を曇らせていた男だ。

あれから3年半ほどたった今、彼の資産はどうなったか。

端的に言えば、約4分の1になってしまった。最悪のときは6分の1にまで沈んだ。もはや笑うに笑えない。笑ってやるしか救いようがない。相場で生き残るための金言に満ちたオレの単行本の編集に携わり、その後、この連載の担当編集者になったというのに。

それでは、この本を読むことは意味がないのか？　いやいやいや、待っていただきたい。

彼は、その後も材料に飛びつく取引を続け、損切りは大いに遅れ、相場が下落するたびに現実から目を背け、とうとうリーマンショックでとどめを刺されてしまったようだ。

このような人を一人でも減らしたい一心で描いてきただけに、ちょっとした虚しさを感じる。こんなおちゃらけた漫画を1冊読んだところで、人は変わらないのだろうか、と……。

しかし、だ。この一例だけで結論を出すのは早すぎる。システムトレーダー的ではない。たしかに変わった、という人も、必ずいると信じる。

一方、オレ自身はあの後どうなったか。

順調に利益を伸ばし、資産は倍増した。リーマンショックも無事乗り切った。それどころか、リーマンショックのおかげで2008年の収支はかなり救われたとさえ言える。システムトレードをやっていなかったら、果たしてこれだけ堅実に稼げていたかどうか。おそらく無理だっただろう。

これらの事実をもって、裁量トレードよりシステムトレードのほうが優れているなどと結論づける気はさらさらない。たった2例のサンプルからそんなことを言ってしまえるわけがない。

そもそも、裁量かシステムかということは、本質的な違いではない。最終的に差がつくのはもっと別の部分だ。

オレがシステムトレードに取り組むことになったのは、年間トータルでマイナスを食らったからだったが、その年の負け額は18万円、率にして3・66%であった。つまり、うまくいかない時期にもけっして大きく資産を減らさなかった。これこそが彼とオレとの決定的な違いだ。

仕掛けや手仕舞いの技術がどうこうではない。オレはただただ低リスクに徹してきただけのことだ。

裁量トレードで大やけどをし、わらにもすがる思いでこの本を手に取った方もいるかもしれない。だが、売買ルールの研究を始める前に、まずリスクを抑えてみてはいかがだろう。システムが完成するころに資金がゼロになっている、などということがないように。この助言だけでも、本書を読む意味は十分あったと確信する。

ま、君にはいくら言っても無駄かもしれないけどな、ナカムラ。

特別4コマ

株と家族

方向性

わっ
こらっ
ダーメ!!
針危ないから
どん
こっ
こらっ
ちょっとっ
やっやめっ
んんん
このように一度方向性が決まるとその方向へ動き続ける――
学会
この子どもの動きから私は相場にトレンドがあることを発見したのです

オレは家族の愛に支えられ闘っている……!?

罪と罰

あっ売りと買い逆に注文しちゃった!!
買
発注ミスだ!!
ふう
即座に手仕舞って被害はほとんどなかった…
ちょっと!!
はい?
お風呂場の足ふきマット裏返しにひいたでしょ!!
バカ!!
こっちのほうが精神的被害大?

ナンピン 141

は行
白馬の騎士 43
発行済株式 197
ハマリ 121
羽根物 43
パラメータ 87
ファンダメンタルズ分析 67
ファンドマネジャー 67
複利 197
プロフィットファクター 97
分散投資 77
ポジション 121
ボーダーライン（理論） 25

ま行
マネックスショック 157
マネーマネジメント 16
村上ショック 207
名義書換料 109

ら行
利益曲線 25
リバウンド 167

ジェイコム株大量発注事件　141
時間外取引　35
四季報　177
シグナル　77
システムの最大ドローダウン　87
首都圏大規模停電　229
証券マン　249
信用限度　141
ストップ　269
スリッページ　259
損切り　77

た行

担保掛目　157
敵対的買収　35
テクニカル分析　67
デザインパターン　177
転換社債　35
電池回収　249
東証　131
ドローダウン　57

な行

名波誠　249

さくいん

英字

GDP（Gross Domestic Product） 57
TOPIX（Tokyo stock Price IndeX） 239
Wボトム 219

あ行

悪材料 25
アナリスト 259
板 229
行って来い 239
大型株・中型株・小型株 219
オブジェクト指向 177

か行

カーブフィッティング 57
期待値 97
逆日歩 109
釘 97
限月 177

さ行

材料 229
地合（じあい） 131

著者紹介

坂本タクマ（さかもと・たくま）

1967年5月20日兵庫県生まれ。1989年、東北大学4年のとき、漫画家デビュー。麻雀漫画を描きながらパチンコを打つ日々を送るうち、白夜書房『パチンカーワールド』でパチンコ漫画を描きはじめる。2002年から株式トレード開始と同時に白夜書房『パニック7ゴールド』で実践株式投資漫画を描きはじめる。宮城県仙台市在住の楽天イーグルスファン。しかし、楽天株には興味はナシ。

「坂本タクマの絶対ギガモトXP」
(http://homepage1.nifty.com/gigamoto/)

2010年 3 月 3 日 初版第 1 刷発行
2014年 4 月 3 日　　第 2 刷発行

PanRolling Library ㊵

マンガ　パチンコトレーダー［システムトレード入門編《にゅうもんへん》］

著　者　坂本タクマ
発行者　後藤康徳
発行所　パンローリング株式会社
〒 160-0023　東京都新宿区西新宿 7-9-18-6F
TEL 03-5386-7391　FAX 03-5386-7393
http://www.panrolling.com/
E-mail　info@panrolling.com
装　丁　パンローリング装丁室
印刷・製本　株式会社シナノ

ISBN978-4-7759-3077-9

システムトレード＜基礎編＞

株はチャートでわかる！【増補改訂版】
著者　パンローリング　●定価　２８００円＋税
ISBN978-4-7759-9060-5

テクニカル分析の練習からシステムトレード環境の構築まで、実践的テクニカル短期売買法を日本市場で検証する！

コンピュータトレーディング入門
著者　高橋謙吾　●定価　２８００円＋税
ISBN978-4-7759-9056-8

本書ではプログラムの作成から評価・管理まで本格的にシステムトレードを行う人への道しるべである。

自動売買ロボット作成マニュアル
著者　森田佳佑　●定価　２８００円＋税
ISBN978-4-7759-9039-1

あのエクセルが強力なトレードツールになる！ＶＢＡで自分だけのオリジナル売買ルールを作ってみよう。

ニンジャトレーダー入門
著者　兼平勝啓　●定価　２８００円＋税
ISBN978-4-7759-9081-0

ルールを選ぶだけの売買システム構築。検証・最適化、チャート分析、売買シグナルの自動表示、板情報の記録・再生などが無料でできる！

ＦＸメタトレーダー入門
著者　豊嶋久道　●定価　２８００円＋税
ISBN978-4-7759-9063-6

無料なのにリアルタイムのテクニカル分析からデモ売買、指標作成、売買検証、自動売買、口座管理までできる！　高性能ＦＸソフトを徹底紹介！

魔術師に学ぶＦＸトレード
著者　中原駿　●定価　２８００円＋税
ISBN978-4-7759-9070-4

「マーケットの魔術師」たちの売買理論を世界中の洗練されたプレイヤーたちが参加するＦＸ市場で活用する！　新時代のＦＸトレード戦略とは。